哲学其实既好看又有用

星汉 编著

中国华侨出版社

图书在版编目（CIP）数据

哲学其实既好看又有用 / 星汉编著 . — 北京：中国华侨出版社 , 2017.3

ISBN 978-7-5113-6657-3

Ⅰ . ①哲… Ⅱ . ①星… Ⅲ . ①哲学 – 通俗读物 Ⅳ . ① B-49

中国版本图书馆 CIP 数据核字（2017）第 019042 号

哲学其实既好看又有用

编　　著：星　汉
出 版 人：方　鸣
责任编辑：安　吉
封面设计：施凌云
文字编辑：贾　娟　黎　娜
美术编辑：潘　松
插图绘制：朱　杰
经　　销：新华书店
开　　本：880mm×1230mm　1/32　印张：8　字数：185 千字
印　　刷：北京中创彩色印刷有限公司
版　　次：2017 年 7 月第 1 版　2017 年 7 月第 1 次印刷
书　　号：ISBN 978-7-5113-6657-3
定　　价：38.00 元

中国华侨出版社　北京市朝阳区静安里 26 号通成达大厦三层　邮编：100028
法律顾问：陈鹰律师事务所
发 行 部：（010）58815874　　　传　真：（010）58815857
网　　址：www.oveaschin.com
E－mail：oveaschin@sina.com

如果发现印装质量问题，影响阅读，请与印刷厂联系调换。

前言

哲学是启迪人生智慧的学科。人在一生中是否受到哲学的熏陶，是否开启智慧，结果大不一样。哲学在人生中的作用似乎看不见、摸不着，其实至大无比。有智慧的人，心是明白、欢欣、宁静的；没有智慧的人，心是糊涂、烦恼、躁动的。人生最值得追求的东西，一是优秀，二是幸福，而这二者都离不开智慧。开启智慧，才会懂得如何做人，从而成为人性意义上真正优秀的人。也唯有这样，才能分辨人生中各种价值的主次，知道自己到底要什么，从而真正获得和感受到幸福。

哲学代表了人类内心深处的一种渴望，一种试图超越平凡的现实生活的渴望，一种试图解答那些凭人类现有思维能力还不能解决的问题的渴望，一种试图求得真善美获取智慧接近真理的渴望。这种渴望其实植根于每一个人的内心深处，不管他是否懂哲学。

哲学之所以有别于艺术、文学，就在于哲学的目的是引人思考。哲学不是拥有智慧，而是"爱智慧"，是对生活的一种态度，是保持心灵的开放,是探寻一切真相。哲学给我们以人生的指引,告诉我们该去向何处。一个人知道自己为什么而活,他就能忍受生活中的痛苦和磨难,他就能以恬淡平和的心态迎接沉浮起落的人生。

哲学对于人生有如此重大的意义,那么,我们如何才能走近它、得到它呢?深奥玄妙而抽象的哲学理论经典常常让我们昏昏欲睡,即使勉强读完了,也是云里雾里,不知其所以然。那些玄而又玄的理论究竟与我们的人生有什么关系?对我们的现实生活又有什么意义呢?

哲学不是学院的奢侈品,不是抽象烦琐的教条,更不是漫无边际的高谈阔论。无论是声名显赫的伟大人物,还是普通的教师家长,在讲述人生哲理时都喜欢运用一些经典的小故事来辅证自己的观点。对于读者而言,与阅读那些枯燥单调的理论相比,一些蕴涵哲理的小故事更易于理解和接受。给您讲1小时的大道理,不如为您说一个1分钟的小故事!

愿书中的这些哲学故事能成为点亮你人生的灯,在它的照耀下,把不快的忧伤变为欢欣的鼓舞,把午夜的黑暗化为黎明的曙光,使原本没有意义的人生之旅变得格外轻松、自由、快乐、达观。

目录

第一章 踏上哲学的智慧之旅

哲学是"有智慧"还是"爱智慧" / 2

旁观者的智慧 / 5

哲学之用 / 7

哲学授人以渔 / 10

苏格拉底的苹果 / 12

哲学教人认识世界 / 14

应全面看待问题 / 17

存在即感知 / 19

我思故我在 / 21

庄周梦蝶 / 23

真理之路无坦途 / 25

第二章 开启思辨之门

人不能两次踏入同一条河流 / 30

世界上没有完全相同的两片树叶 / 32

肯定即否定 / 35

维特根斯坦的镜子 / 37

鸡生蛋还是蛋生鸡 / 40

芝诺悖论 / 43

思考着的人是高贵的 / 45

子非鱼，安知鱼之乐 / 48

道可道，非常道 / 50

笛卡尔的梦 / 53

泰勒斯的一滴水 / 55

苏格拉底的追问 / 57

第三章　和谐就是一切

一草一木皆有其生命 / 62

智者乐水，仁者乐山 / 64

顺应自然与回归自然 / 66

人类的自我惩罚与救赎 / 68

得不偿失的交易 / 70

尼采的锤子打破偶像 / 73

整个哲学史都是柏拉图的注脚 / 77

关于回归的约定 / 79

自然发怒，后果很严重 / 81

技术是一把双刃剑 / 84

赫胥黎的预言 / 86

以史为鉴，可以知兴替 / 89

盗火的普罗米修斯：为全人类的幸福 / 92

一切历史都是当代史 / 95

第四章　人是万物的尺度

斯芬克斯之谜 / 100

人不是万能的 / 102

世界对人的影响 / 104

人是万物的尺度 / 107

人为自然立法 / 110

人的双向发展 / 112

发现自己，求得新生 / 115

认识自己方能认识人生 / 118

把握自己的心 / 120

人生不要自我设限 / 123

潘多拉的盒子 / 125

人的存在就等同于个人利益 / 128

人天生是政治动物 / 130

人是无法选择自己的 / 133

人是尚未定型的动物 / 135

第五章　缔造幸福的人生

幸福不是得到的多，而是计较的少 / 140

幸福就好吗 / 142

一切不幸都只是过程 / 144

依赖成为生命的束缚 / 145

拥有越多反而越不幸 / 148

在规则的容器中做水 / 150

幸福，就在你转身后光临 / 153

幸福有标准吗 / 156

幸福由心各自知 / 159

第欧根尼的木桶：居于木桶也幸福 / 161

感恩与幸福为邻 / 163

幸福就是换一个角度 / 166

第六章　接纳不完美的自己

没有遗憾的过去无法连接人生 / 170

优势变隐患 / 172

人是正确的，世界就没错 / 174

不完美，又怎样 / 177

缺憾：人生之中不可避免 / 179

懦弱者的立足之地 / 181

自卑情结是幸福的最大敌人 / 184

消沉的人生幸运不再 / 187

圣凡各具"神通" / 189

"愚蠢"，也是一种力量 / 192

自己的幸福不在他人身上 / 194

只会找借口，只能收获失败 / 196

第七章 心中的财富是真财富

人生在世,怎能不讲利 / 200

不义富且贵,于我如浮云 / 202

君子爱财,取之有道 / 204

我役物,而不役于物 / 208

钱,到底有什么魔力 / 210

因小利而忘命,成大事而惜身 / 213

财富的能力比传统更重要 / 216

第八章 与命运抗争

非命,命运在自己手中 / 220

向苦难的生活索取意义 / 223

随缘随喜,顺其自然 / 226

此心安处是故乡 / 229

坚持有原则的自由 / 231

精神自由乃真自由 / 234

态度决定人生的高度 / 236

为人所不肯为,成人所不能成 / 238

勤勉,使人成为幸运之宠 / 240

第一章
踏上哲学的智慧之旅

哲学是"有智慧"还是"爱智慧"

我除了知道我的无知这个事实外一无所知。

——(古希腊)苏格拉底

不知从何时起,一说起哲学,人们首先想到的是高深莫测的语言、艰涩难懂的理论。哲学的本意并不仅仅局限于书斋中的枯坐参禅,也不是现实中的卖弄玄虚。哲学是一门"爱智慧"的学问。

"哲学"的英文单词是 philosophy,这个词是从希腊语 philo-sophia 转变而来,philo 意思是热爱,sophoia 意思是智慧,哲学因此被称为"爱智慧的学问"。1874 年,日本启蒙家西周在《百一新论》中首先用中文"哲学"来翻译 philosophy 一词。1896 年前后,康有为等将日本的译称介绍到中国,后渐渐通行。

"爱智慧"与"有智慧"不是同一个概念,古希腊著名哲学家柏拉图曾举自己的老师苏格拉底和"智者"的故事来说明:

在古希腊前期的城邦中出现了这样一批"智者",他们自称是有智慧的人,通过传授给别人辩论和修辞技巧来获得报酬。智者虽然是"有智慧的人",但却不是以智慧为追求目标的"爱智慧的人",与其说他们传授的是"学"倒不如说是"术",智慧

只是他们用来达到目的、获得报酬的手段。柏拉图站在哲学家的立场,把智者斥为"批发或零售精神食粮的商人"。在柏拉图看来,真正的哲学是不计较功利目标的,真正的哲学家是"爱智慧的人",典型的代表便是他的老师苏格拉底。

苏格拉底是古希腊最伟大的哲学家,他出生于雅典的中等阶级家庭,父亲是雕刻匠,母亲是一个助产士。传说苏格拉底面目丑陋,身材矮小,步履蹒跚,这与人们想象中的智者温文尔雅的形象相去甚远。他平时像一个智者一样生活,以教育青年为己任。但他与智者有本质上的区别:他从不收取学生的学费,更反对诡辩和似是而非的夸夸其谈,他自称是没有智慧但爱智慧的人。

哲学对于苏格拉底来说不是纯思辨的个人私事,而是他对当时自己所生活的城邦和时代所尽的义务。在此意义上,他自称是针砭时弊的"神圣牛虻"。苏格拉底的言论使有些人感到了恐惧,为此他遭到了所谓"有智慧"的智者的反击和污蔑,同时很多雅典人也不理解苏格拉底的意图,认为他既然没有智慧又何以教导雅典民众呢?苏格拉底最终被诬陷为"亵渎神明"和"腐化青年"而入狱,尽管他在法庭上发表了义正词严的申辩,但仍被雅典民众以公投的方式处死。这不得不说是一种悲哀。

"爱智慧者"与"有智慧者"虽然只有一字之差,含义却根本不同。前者指追求确定真理的哲学家,后者指靠炫耀技巧赚钱的"智者"。毫无疑问,苏格拉底是有智慧的人,但是他更愿意把自己定位为爱智慧的人,一方面不断前进追求真理,另一方面不夸夸其谈卖弄炫耀。

"哲学"的本意告诉我们要"爱智慧"，要做一株虚心思考的芦苇，而不做一只夸夸其谈的乌鸦。

旁观者的智慧

> 研究哲学是为了求知，不是为了实用。
>
> ——（古希腊）亚里士多德

哲学追求的是一种思辨的智慧，而古希腊人显然对此非常擅长。古希腊哲学是西方哲学的丰碑，它让哲学从一开始就到达了一个以后一千年都难以企及的高度。约公元前800年—公元前200年，古希腊哲学达到了一个高度繁荣的阶段，同时期的中国正处于诸子百家争鸣的时代，印度正处于《奥义书》形成的时代，20世纪的德国哲学家雅斯贝尔斯把人类精神的这一突破时期称为"轴心时代"。希腊哲学的成就很大程度上在于希腊人对哲学存在的本质和方式、对哲学家的地位和作用的认识。在希腊人看来，哲学家是热闹的竞技场中冷静的思考者。

古希腊人非常喜欢运动，竞技场通常是一个城邦中最热闹的地方，在这里，各种各样的人群聚集、竞赛、讨论。

在与人谈到人生的时候，古希腊哲学家毕达哥拉斯说："人生有如一场奥林匹亚竞技，在这里，有一种人在参加竞赛，赢得光荣；有一种人在做生意，获取财富；而第三种人只在观看，他

们就是哲人。"

运动会中的运动员通过自己的拼搏赢得比赛,得到荣誉,显赫一时;生意人通过自己的买卖得到报酬,心满意足;唯有哲学家始终保持冷静的态度,注视着场上发生的一切。

毕达哥拉斯眼中的哲人也是非常尴尬的。因为,哲学家本身也身处人生的竞技场。但是,他们更多的时候是像个局外人一样冷静地观察这个世界,而不能全身心地参与到竞争中去。

在毕达哥拉斯看来,哲学是孤独的,哲学家要有关怀世界的情怀,但又不能入世太深。最理想的状态莫过于中国古代士人所推崇的"内圣外王"的模式,也就是说,在心灵上超脱,在现实中进取。当然,要实现这一理想并不那么容易,因为这往往会导致人在现实中不知所措。从某种意义上说,中国古代士人的尴尬处境和古希腊哲学家有类似之处。与现实保持适当的距离,不仅能避免被物质利益绑架,也是我们独立思考的基础。

在毕达哥拉斯看来,哲学家作为世界的观察者,即使是常人眼中习以为常之事,哲学家都要保持观察和研究的好奇心。竞技场上的哲学不是看热闹,而是在不停地面对现实观察、思考。我们也许不能每个人都成为像毕达哥拉斯那样的大哲学家,但如果我们能多一点竞技场上哲人的心态,生活就会变得更惬意一些,同时也更有意义一些。

哲学之用

人皆知有用之用,而莫知无用之用也。

——庄　子

在了解了何谓哲学之后,哲学何用便成为最迫切需要了解的话题。长久以来,古今中外的思想家一直在追问哲学的用途。确实,哲学并不能直接烤出面包,然而越是没有实际用途的东西,越是有大用,正如老子所说的"无用之用,乃为大用"。

哲学有什么用处?惠子和庄子关于这个问题有一段对话,被记录在《庄子·逍遥游》中。

梁国的惠施是庄子的朋友,他对庄子说:"国王赐给我大葫芦种子。我种在后院内,结了个大葫芦。匠人加工成容器,容量五十斗。用来盛水盛浆,担心容器薄不坚固,容易破碎;纵剖成瓢,仍嫌太大，因为舀水、舀酒、舀汤都用不着那么大。能说这大葫芦不够大吗？不能。可是大而无用，空空然在自大。"

大葫芦者，太糊涂也。庄子心头明白，一点也不生气。庄子说："先生实在是不善于使用大东西啊！宋国有一善于调制不皲手药物的人家，世世代代以漂洗丝絮为职业。有个游客听说了这件事，愿意用百金的高价收买他的药方。全家人聚集在一起商量：'我们世世代代在河水里漂洗丝絮，所得不过数金，如今一下子就可赚得百金，还是把药方卖给他吧。'游客得到药方，去游说吴王。正巧越国发难，吴王派他统率部队，冬天跟越军在水上交战，大败越军，吴王赐土地封赏他。同样是使手不皲裂的药方，有的人用它来获得封赏，有的人却只能靠它在水中漂洗丝絮，这是使用的方法不同。如今你有五十斗容积的大葫芦，怎么不考虑用它来制成腰舟，而浮游于江湖之上，如此哪里还会担忧葫芦太大无处可容呢？看来先生你还是心窍不通啊！"

惠子又对庄子说："我有棵大树，人们都叫它'樗'。它的树干疙里疙瘩，不符合绳墨取直的要求，它的树枝弯弯扭扭，也不适应圆规和角尺取材的需要。虽然生长在道路旁，木匠连看也不看。现今你说大而无用，大家都会鄙弃它的。"

庄子说："先生你没看见过野猫和黄鼠狼吗？低着身子匍匐于地，等待那些出洞觅食或游乐的小动物。一会儿东，一会儿西，跳来跳去，一会儿高，一会儿低，上蹿下跳，不承想落

入猎人设下的机关,死于猎网之中。还有那犛牛,庞大的身体就像天边的云,它的本事可大了,不过不能捕捉老鼠。如今你有这么大一棵树,却担忧它没有什么用处,怎么不把它栽种在什么也没有生长的地方,栽种在无边无际的旷野里,悠然自得地徘徊于树旁,优游自在地躺卧于树下。大树不会遭到刀斧砍伐,也没有什么东西会去伤害它。虽然没有派上什么用场,可是哪里又会有什么困苦呢?"

　　世人都讲功用,有用的东西总是招人喜欢。人们对待知识也是一样,有用的学科总是热门专业。像哲学这样的学科,看不出有什么直接的作用,只好坐冷板凳。哲学就好比大葫芦和大臭椿,虽然无用，却得以长存——只要有人类，就有哲学。实际上，正如庄子所说，哲学不是没用，而是没有直接的用处。

哲学授人以渔

如果把哲学理解为在最普遍和最广泛的形式中对知识的追求，那么，显然，哲学就可以被认为是全部科学研究之母。

——（美国）爱因斯坦

人们常说，哲学便是智慧，但是如何在现实中用好哲学、体现出智慧却是不太好把握的。哲学带给人的不仅是灵魂的启迪，还有实际中的应用和好处。哲学可以教人方法，教人策略。田忌赛马就是这样一个例子：

根据《史记》记载，齐国的大将田忌和齐威王约定赛马。他们把各自的马分成上、中、下三等。比赛的时候，上等马对上等马，中等马

对中等马，下等马对下等马。由于齐威王每个等级的马都比田忌的强一些，三场比下来，田忌都失败了，他感到很失落。这时，孙膑对田忌说："从刚才的情形看，齐威王的马比你的马快不了多少……"

孙膑还没说完，田忌说："想不到你也来挖苦我！"

孙膑说："只要你再同他赛一次，我保证让你取胜。"

田忌疑惑地看着孙膑："你是说另换几匹马？"

孙膑说："一匹也不用换。"

田忌说："那还不是照样输！"

孙膑胸有成竹地说："你就照我说的办吧。"

于是田忌找到齐威王，请求再赛一场。赛马开始了。孙膑让田忌先用下等马对齐威王的上等马，第一场输了；接着孙膑让田忌拿上等马对齐威王的中等马，胜了第二场；第三场，田忌拿中等马对齐威王的下等马，又胜了一场。比赛结果，田忌两胜一负，赢了齐威王。

还是原来的马，只要调换一下出场顺序，就可以转败为胜。世界上没有绝对的好和坏，只有相对的好和坏，同时，局部不优不等于整体不优，局部最优也不等于整体最优。通过调整马的出场顺序，可以使局部不优转变为整体最优，这是孙膑的赛马哲学，同样也可以应用在我们的日常生活之中。在生活中，不要太计较局部的得失，而应该从整体着眼，通过调整局部的顺序来达到最优的结果。

苏格拉底的苹果

> 如果你想成为一个真正的真理寻求者,在你的一生中至少应该有一个时期,要对一切事物都尽量怀疑。
>
> ——(法国)笛卡尔

哲学家通常被认为是有智慧、会思考的人,而学会怎样看待问题、思考问题是很多人学习哲学的目的。但是学会思考却不是一个简单的过程,很多人学了一辈子也不知道该如何思考。让我们来看一个古希腊哲学家苏格拉底的故事:

苏格拉底在世的时候,很多年轻人都非常崇拜他,虔诚地奉他为导师。苏格拉底经常在雅典城的中心广场给学生讲课,或者探讨各种各样的问题。他发现学生太尊敬他以至于迷信他的思想、依赖他的分析,没有自己的主见。于是,他想了一个主意。

这一天,苏格拉底又来到中心广场,很快就有很多青年人围拢过来。等学生们坐好以后,苏格拉底站起来,从短袍里面掏出了一个苹果,对学生们说:"这是我刚刚从果园里摘下的一个苹果,你们闻闻它有什么特别的味道。"

说完,苏格拉底拿着苹果走到每一个学生面前让他们闻了一下。然后,他问离他最近的学生闻到了什么味道,这个学生说闻到了苹果的香味。他又问第二个学生,这个学生同样回答是闻到了苹果的香味。

柏拉图坐得比较远,轮到他回答的时候,前面的十几个人的回答都是一致的——闻到了苹果的香味。当苏格拉底示意他站起来回答,他看了看同学们,然后慢慢地对老师说:"老师,我什么味道也没有闻到。"

大家对柏拉图的回答感到很奇怪,因为他们都闻到了苹果的香味。可是,苏格拉底告诉大家:只有柏拉图是对的。接着,苏格拉底把那个苹果交给学生们传看,大家才发现:这竟然是一个用蜡做成的苹果!

这时,苏格拉底对他的学生们说:"你们刚才怎么会闻到了苹果的香味呢?因为你们没有怀疑我。我拿着一个苹果,你们为什么不先怀疑苹果的真伪呢?永远不要用成见下结论,要相信自己的直觉,更不要人云亦云。不要相信所谓的经验,只有开始怀

疑的时候,哲学和思想才会产生。"

苏格拉底的用意是想让学生明白:任何时候都要用自己的大脑去思考,只有这样才能获得真正的知识。不仅是哲学家,任何人都要记住:独立思考,自己判断。思考是人区别于动物的最重要特征,如果一个人自己不知道思考,可以说他还没有真正学会做人。只有爱思考的人,才会有所成就。柏拉图就是一个敢于怀疑老师、独立思考的人,后来他成为继苏格拉底之后又一位伟大的哲学家。

哲学教人认识世界

自然哲学是对自然规律的认识。

——(英国)培根

哲学是一门系统的学问,它关注的不仅仅是人内在的思想,还有外在的世界。如何认识我们生活的世界是我们必须面对的难题,而哲学便提供了方法论上的指导。柳宗元在《种树郭橐驼传》中讲述了这样一则故事:

郭橐驼,不知道他最初叫什么名字。他患了脊背弯曲的病,脊背突起而弯腰走路,就像骆驼一样,所以乡里人称呼他为"橐驼"。橐驼听到后说:"很好啊,这样称呼我确实恰当。"于是他索性放弃了原来的名字,也自称起"橐驼"来。

他的家乡叫丰乐乡，在长安城西边。郭橐驼以种树为职业，凡是长安城里经营园林观赏游乐的富豪人家和以种树卖果盈利的普通商人，都争着把他接到家里奉养。橐驼种的树，即或是移植来的，也没有不成活的，而且长得高大茂盛，果实结得早而且多。其他种树的人即使暗中观察，羡慕效仿，也没有谁能比得上。

有人问他种树种得好的原因，他回答说："我没有能够使树木活得长久而且长得很快的能力，只不过是顺应树木的天性，来实现其自身的习性罢了。它的天性是根部要舒展，它的培土要均匀，它的土要用原来的土，给它捣土要紧密。这样做了之后，就不要再去动它，也不必担心它，种好以后离开时不再回头看。

"栽种时就像对子女一样细心，栽好后就像丢弃它一样，那么它的天性得到保全并且它的本性能够充分地发展。所以，我只不过不妨害它的生长罢了，并不是有能力使它长得高大茂盛；只不过不抑制、减少它结果罢了，并不是有能力使它的果实结得又早又多。

"别的种树人却不是这样，树根拳曲又换上新土；培土的时候，不是过紧就是太松。如果有和这种做法不同的人，却又太过于溺爱它们了，早晨去看了，晚上又去摸摸，已经离开了，又回头去看看。甚至有人掐破树皮来观察它是死是活，摇动树干来察看土的松与紧，这样树木的天性就一天天地远去了。虽说是喜爱它，实际上却是害了它，虽说是担心它；实际上却是仇视它。所以他们都比不上我啊，我又能做些什么呢？"

认识现象不能只看表面,要对事物发展的本质和规律有系统的认识,因律而为、因势而动方是明智的选择。哲学就提供了这样的思考方式,它不是从表面看问题,而是更关注事物的规律性。在现实生活中,如果我们能用哲学的眼光穿透现象把握规律,必能像种树老汉一样得到好的"结果"。

应全面看待问题

管中窥豹,只见一斑。

——《世说新语》

认识事物背后的规律是我们认识世界的前提,但如何全面看待事物仍然是我们要面临的问题。通常人人都有自己观察世界的角度,每个人都按他自己的看法、观点看世界,这并没有什么可

反驳的。他们一个看到的是坏的一面，另一个看到的是好的一面，怎么能说他们哪一个不对呢？他们都没有说错，只是都说得不全面罢了。有一则"盲人摸象"的故事就说明了同样的道理：

在一个镇上，住着几个盲人，没见过世面却喜欢评头论足，对事物发表评论。

有一天一个人牵了一头象过来，几个盲人听说了，都很想知道象是个什么样子，便急忙围拢上去。

第一个盲人先摸到了大象的牙齿，他就说："我知道了，大象就像一个又大、又粗、又光滑的萝卜。"

另一个盲人摸到了象耳朵，立即说："象原来好似一面蒲扇，还挺大的呢。"

第三个盲人摸到了象腿，便反驳道："不对，象长得像根柱子。"

第四个盲人摸到了象尾巴，不同意地喊道："你们说错了，象长得像一根绳子。"

于是，几个盲人便争吵起来，谁也说不服谁。

那位牵象的人在一旁笑道："不要争吵了！你们最好把象的全身都摸遍再来发言吧。"

很显然，几个盲人犯了以偏概全的错误。中国古语有云：兼听则明。看待问题要全面，只有把事物的各个方面结合起来，才能知晓事物的真相。如果只从一个方面看事物，就会像盲人一样得出错误的结论。

现实生活中，很多人都是这样或那样的"盲人"，我们虽然有双明亮的眼睛，但对事物却看得不全面。我们在观察任何事物、做任何事情之前都要有个全面的了解，这样才能事半功倍。

存在即感知

只承认自己的感觉，是唯心主义形而上学的原则。

——（法国）狄德罗

英国哲学家贝克莱是典型的主观唯心主义者，"物质是观念的集合""存在就是被感知"是他的主要观点。这是什么意思呢？他解释说："我看见这颗樱桃，我触到它，我尝到它……它是实在的。你如果去掉柔软、湿润、红色、涩味等感觉，你就是消灭樱桃……我肯定说，樱桃不外乎是感性的印象或为各种感官所感受的表象的结合。"世界上的万事万物都是个人的感觉，依赖我们的感觉而存在，如果没有被感觉到，它们就不存在。

有一次，贝克莱与一位朋友在花园里散步，这位朋友一不小心踢到了一块石头。朋友对贝克莱说："我刚才没有注意到这块石头，那么这块被我踢了一脚的石头是否存在呢？"

贝克莱略加思索后说道："当你的脚感觉到痛了，石头就是存在的；而如果你的脚没有感觉到痛，石头当然就不存在。"

中国明朝的王阳明也有类似的观点，他认为："心外无物，心外无事。"人心是整个世界的本原和主宰，天地万物都离不开人，都存在于人的心中。

据说，有一次王阳明同朋友在一个叫南镇的地方游玩，同行中有个朋友指着山中的花树问王阳明道："天下无心外之物，如此花树在深山中自开自落，于我心亦何相干？"

王阳明回答说："你未看此花时，此花与你心同归于寂；你来看此花时，则此花的颜色一时明白起来，便知此花不在你的心外。"

这就是说，人没有看到花时，花就不存在；只有当人看到花时，花的颜色才会在人的感觉中显现出来，所以"花不在人的心外"。

德国哲学家费尔巴哈曾经针对贝克莱的观点进行了形象而诙谐的反驳。他说："如果小猫所看到的老鼠只存在于小猫的眼睛中，如果老鼠是小猫视神经的感觉，那么为什么小猫用它的爪子去抓老鼠而不是抓自己的眼睛呢？这是因为小猫不愿让自己挨饿。"在它看来，对唯心主义的爱只是痛苦。

法国哲学家狄德罗把主观唯心主义者比喻为一架"发疯的钢琴"，"以为它是世界上仅有的一架钢琴，宇宙的全部和谐都发生在它身上"。闭上眼睛就否定世界的真实性，这种观点的确有点疯狂。

我思故我在

人的全部尊严在于思想。

——（法国）帕斯卡

哲学通常被认为是最高深的学问，太过于"抽象""高深"，甚至"玄虚""神秘"。其实这是对哲学的一种误解。哲学不过是哲学家在人人都司空见惯、习以为常的地方，去发现问题、反思问题。并不是世界上每个人都能成为哲学家，因为从平常处发现问题并不是一件容易的事情，这需要万分敏锐的心灵和追根究底的怀疑精神——这正是哲学精神的精髓之一。笛卡尔的名言"我思故我在"今天几乎无人不知，而这正是哲学家不停探索真理与知识的最好佐证。

笛卡尔1596年生于法国，父亲是法官，母亲在生他之后不久便离开了人世。1618年，笛卡尔参加了荷兰的雇佣军。他随军到过德国许多地方，在做文职工作之余从事学术研究。1622年，笛卡尔离开军队，在欧洲各国游历，结识了许多著名的学者。

1628年，笛卡尔定居在当时的欧洲文化中心荷兰，在那里度

过了相对宁静的20年时光。期间,笛卡尔几乎闭门谢客,专心研究。虽然笛卡尔几乎没有正式出版任何作品,但笛卡尔的思想仍然受到攻击,他被指责为无神论者,"亵渎神明"。

1649年,笛卡尔应瑞典女王克里斯蒂娜的邀请,赴斯德哥尔摩宫廷讲学。女王要求笛卡尔必须早上5点就和她讨论哲学问题,这改变了笛卡尔以往中午才开始工作的习惯。北欧的寒冷天气损害了哲学家的健康,笛卡尔曾感叹,瑞典是个"熊的国家,处于岩石和冰块之间"。1650年,笛卡尔还没有来得及离开瑞典就匆匆离世,终年54岁。

"我思故我在"是笛卡尔哲学的第一原理。在《第一哲学沉思录》中,笛卡尔声称要为人类知识找到最可靠的"阿基米德点"。

笛卡尔寻找这个支点的方法就是怀疑一切。什么才是可靠的、真实的?眼前的世界吗?不是。闭上眼睛,世界就从眼前消失了。一棵树,我看到它的时候它是真实的,我走后它还是真实的吗?我们对事物的感觉难道不是某种幻觉？我是真实的吗？先看我的身体，身体是真实的吗？不知道。我做梦的时候身体在哪里？有精神病人认为自己是一条狗，或者自己没有手脚，这能说明他就是这样的吗？再看人的意识，我的思想是真实的吗？我怎么证明呢？上帝是绝对真实的吗？……就这样，一步一步地，笛卡尔最终找到了他认为绝对可靠无误的"阿基米德点"，即"我思故我在"。

笛卡尔说："我可以怀疑一切，但有一件事情却是无法怀疑的，那就是我在怀疑。"怀疑是一种思想活动，因此这个思想着、怀疑着的"我"是存在的。如果一个东西思想着，却否定他的存在，这显然是荒谬的。

庄周梦蝶

道可道，非常道。

——老　子

笛卡尔的梦为我们揭示了一种普遍怀疑的可能性，进而找到知识确定的基础及不可怀疑的地方。他也因此被称为近代第一位哲学家。然而比他早1800多年的庄子早就对此有所阐释。《庄子·齐物论》中讲述了一个故事：

　　过去庄周梦见自己变成了蝴蝶，一只欣然自得地飞舞着的蝴蝶，他感到多么愉快和惬意啊！不知道自己原本是庄周。

突然间醒过来,惊惶不定之间才知道自己是庄周。不知是庄周在梦中变成了蝴蝶呢,还是蝴蝶梦见自己变成了庄周?庄周与蝴蝶必定是有区别的。这就叫作物、我的交合与变化。

这个故事一般被称作"庄周梦蝶"。在一般人看来,一个人在醒时的所见所感是真实的,梦境是幻觉,是不真实的。庄子却以为不然。虽然,醒是一种境界,梦是另一种境界,二者是不相同的;庄周是庄周,蝴蝶是蝴蝶,二者也是不相同的。但在庄周看来,它们都只是一种现象,是天道运动中的一种形态,一个阶段而已。

从哲学上看,庄子提出一个重要的哲学问题——人如何认识真实?真实的世界究竟是什么样子的?如果梦足够真实,人为何没有任何能力知道自己是在做梦。人生如梦,谁能保证眼前的一切不是幻觉?所以,追问眼前的世界是否真实,真实的世界究竟是什么,似乎是很有必要的。

真理之路无坦途

> 学然后知不足,教然后知困。知不足,然后能自反也,知困,然后能自强也。
>
> ——孔 子

人们认识真理不是一蹴而就的,而是一个复杂曲折、充满矛盾的过程。这不是一条笔直又畅通无阻的路,相反,这条路上存在着许多暗礁。人类在三百万年左右的历史长河中,许多岁月都是在谬误或错误的思想指导下顽强地挣扎着生活的。《列子》中有一个"歧路亡羊"的故事:

春秋战国时,有个哲人叫杨子。一天,杨子的邻居丢失了一只羊,于是请求大家帮忙去找。杨子说:"就丢了一只羊,为什么要这么多人去找啊?"邻居说:"岔路太多了,所以需要很多人。"

过了一阵,出去找羊的人陆续回来了,杨子问大家:"羊找到了没有?"

"找不到啊。"大家摇摇头。

"为什么这么多人都没有找到?"

"岔路当中又有岔路,岔路太多,不知道羊到底跑到哪条路上去了,没办法,我们只好回来了。"

连续好几天,杨子都为羊的事情闷闷不乐,沉默不语。学生们觉得很不理解,便问:"老师,一只羊值不了几个钱,而且也不是您的羊,老师为什么还闷闷不乐啊?"

杨子没有回答他的疑问。倒是有一个学生了解老师的心思，替他回答说："老师心情不好，不是因为羊，而是因为老师想起了另外一件事情：在追求真理的道路上也有许多岔路，很多人误入歧途，浪费了终生。所以，老师很难过啊！"

认识真理的确是一件非常艰难的事情。按照马克思主义哲学观点，人的认识活动必须以感官经验为基础，首先获得感性认识，然后从感性认识中提炼出理性认识，最后还要将理性认识放到实践中检验并获得新的经验，再获得新的感性认识……如此不断往复前进，才能逐渐逼近真理。在这条实践—认识—实践的道路上，到处都是岔路，一不小心，就可能掉进谬误的陷阱之中。

在人类初期的过程中，社会的发展十分缓慢，太阳升起又落下，月亮圆了又缺，年复一年，周而复始，几乎看不出什么显著的变化。由于早期人类处于比较愚昧和无知的状态，对许多自然现象都不知其究竟。因此，谬误或错误影响、制约着人们，人们就像"盲人骑瞎马"那样到处乱撞乱碰，不知干了多少错事，也不知吃了多少苦头，轻则头破血流，重则粉身碎骨。认识自然和掌握真理关乎人类的生存与发展，因此，人们十分渴望掌握真理。但在探索真理的过程中，对众多个体而言，如果稍有不慎，就可能误入歧途，无法获得真理。杨子正是从歧路亡羊一事中联想到人在探索真理过程中这个无奈的事实，故而才黯然神伤了很久。

求知过程本身就是一个艰辛探索的漫长过程。只有那些在布满荆棘的小道上以科学精神永远不懈追求的人，才有可能获得真

理。所以，有志于探索真理的人，必须树立科学精神，不怕失败，不懈追求。

　　不仅学习上要紧紧抓住根本的、一致的、本质的东西，观察和处理一切事物都应该这样。客观事物错综复杂，干什么事情都必须专一，不能三心二意，见异思迁。如果毫无主见，见到岔路就想另走，那就会像歧路亡羊寓言所告诫的那样，到头来一无所获。

第二章
开启思辨之门

人不能两次踏入同一条河流

一切皆流,无物常住。

——(古希腊)赫拉克利特

世界是不断变化的,我们每天都面临一个崭新的世界。太阳每天都会升起,但今天的太阳还是昨天的太阳吗?哲学努力地为人的存在寻求一种超越我们本身之外的确定感,然而变化却是每个哲学家都无法回避的话题。

古希腊哲学家赫拉克利特非常强调变化的观点,他有一句非常有名的话:"人不能两次踏入同一条河流。"他的意思是,世界是永恒变化着的,运动是绝对的,即"一切皆流,无物常住"。他说:"除了变化,我别无所见。不要让你们自己受骗!如果你们相信在生成和消逝之海上看到了某块坚固的陆地,那也只是因为你的目光太仓促,而不是事物的本质。你们使用事物的名称,仿佛它们永远持续地存在,然而,甚至你们第二次踏进的河流也不是第一次踏进的那同一条河流了。"

但是后来,赫拉克利特的一个学生克拉底鲁把他的观点绝对化、教条化,提出了一个极端观点:"人一次也不能踏入同一条河流。"认为当我们踏入"这条"河流的时候，它已经不是刚才我们看到的"那条"了。如果按照这个逻辑的话，世界上就不会有确定性质的事物了，整个世界将成为混沌一团。我们既不能认识事物，也不能解说一个事物是什么了。因为，当我们还没有说完"这是一张饼"时，饼已经变成其他东西了，当我们把饼吃到肚子里的时候，它又变成了另外的东西。因此，克拉底鲁主张用动手指代替说话，因为一开口就过时了。这显然是荒谬的。

赫拉克利特说"人不能两次踏入同一条河流"是强调运动具有绝对性，一切都存在，同时又不存在，因为一切都在流动，都在不断地变化，不断地产生和消亡。而克拉底鲁说"人一次也不能踏入同一条河流"，就割裂了运动和静止之间的关系。物质世界处于永恒的运动之中，但绝对运动的物质也有相对静止的一面。如果连相对静止都否认了，那么这个世界就没有什么是可以认识的了。

关于克拉底鲁的错误还有一个小故事讲得更直白：

有一个人外出忘了带钱，便向邻居借。过了一段时间，这个人不还钱，邻居便向他讨债。这个人狡辩说："一切皆变，一切皆流，现在的我，已不是当初借钱的我了。"邻居发了脾气，一怒之下就挥手打了他，赖账人要去告状，这位邻居对他说："你去吧，一切皆变，一切皆流，现在的我，已不是当初打你的我了。"赖账人无言以对，只好干瞪眼。

赫拉克利特强调运动变化，但并没有否定静止。在他的思想

中,运动是绝对的,静止是相对的。赫拉克利特认为世界的本源是火,这是万物的本性;但是火的形态是不停变化的,表现着不同的形式。这就告诉我们要看到事物静止的一面也要看到运动的一面。恩格斯高度评价了他的这个思想:"这个原始的、素朴的但实质上正确的世界观。"

世界上没有完全相同的两片树叶

> 天地间没有两个彼此完全相同的东西。
> ——(德国)莱布尼茨

赫拉克利特强调万物皆变,而近代德国哲学家莱布尼茨则强调万物皆异。在他看来,天地间每件事物都是独特的,没有任何两个彼此完全相同的东西,因而对事物要区别对待。

莱布尼茨可以说是举世罕见的天才,出生于德国的他几乎研究了当时人类所了解的一切领域,如力学、逻辑学、化学、地理学、解剖学、动物学、植物学、气体学、航海学、地质学、语言学、法学、哲学、历史、外交,等等。他甚至还尝试创造一些自己的小发明,而他最重要的成就可能就是发明了微积分,为近代数学带来了革命性的变化。他还是最早研究中国文化和中国哲学的德国人,对丰富人类的科学知识宝库做出了不可磨灭的贡献。莱布尼茨被称为自然科学家、数学家、物理学家、历史学家和哲学家,正是由于上述这些因素,莱布尼茨的哲学显得卓尔不群。他不但涉猎范围十分广泛,而且他得出的一些结论也十分惊人。

莱布尼茨的博学使他名噪一时,当时的德国贵族都非常希望结交这样一位学术之星。据说,莱布尼茨曾经当过"宫廷顾问"。

有一次,皇帝让他解释一下哲学问题,莱布尼茨对皇帝说,任何事物都有共性。皇帝不信,叫宫女们去御花园找来一堆树叶,莱布尼茨果然从这些树叶里面找到了它们的共同点,皇帝很佩服。

这时,莱布尼茨又说"凡物莫不相异","天地间没有两个彼此完全相同的东西"。宫女们听了这番话后,再次纷纷走入御花园去寻找两片完全没有区别的树叶,想以此来推翻这位哲学家的论断。结果大失所望,因为粗粗看来,树上的叶子好像都一样,但仔细一比较,却是形态各异,都有其特殊性。宫女们累弯了腰,也没能找到两片大小、颜色、厚薄等完全相同的树叶。

这个故事揭示了哲学关于世界统一性和多样性关系的原理。这一原理告诉我们，统一的物质世界以多种多样的形式存在和发展。组成物质世界的丰富多彩的不同个体各有其特殊性，但事物与事物之间又有着普遍的联系，存在着许多共性。世界的统一性和多样性是有机的统一，不可割裂。这要求我们做事情的时候要从实际出发，具体情况具体分析，不要盲目随从。

同时，莱布尼茨给我们展示了自然界的神奇，对于我们人类来说又何尝不是如此呢？我们每个人都是一个独立的个体，又都是一个独特的个体，因为没有任何其他的人和你完全一样。我们要为自己的存在骄傲，因为每个人在世界上都是独一无二的。所以，请珍惜自己的生命，活出自己的精彩！

肯定即否定

> 一切事物本身就是矛盾的。
>
> ——（德国）黑格尔

"规定即否定"表面上看起来是个自相矛盾的命题，表达"赞同"的肯定和表达"不赞同"的否定怎么能说的是一个意思呢？然而这确实是法国近代哲学家斯宾诺莎的名言，而表达同类思想的哲学家不在少数。

斯宾诺莎的这个命题所揭示的是这样一个道理：对于具有无限性的东西来说，在本质上对它的每一种确定，都必然意味着对其无限性的限制，因而意味着否定。斯宾诺莎曾经把无限性比作一个圆环。圆既无起点也无终点，因而在质上是无限的（尽管它在量上是有限的）。而其他任何一种开放区间的线段，则无论在量上可以延展多么长，但在质上总是受到起点和终点的规定，因而是有限的。比如上帝的概念就是不能被规定的，因为任何规定就是对上帝这个概念的限制。

老子提出的"道可道，非常道。名可名，非常名"这个命题，与斯宾诺莎的"规定即否定"这个命题具有相似的含义。老子认为，道本身无起点亦无终点，"绳绳兮不可名"，是不可规定的无限实体。但另一方面，老子又认为，道也不是栖身于宇宙之外的一个超越物，它存在于宇宙中，存在于事物中。在这个意义上，"道"与西方哲学中"上帝"的观念很是接近，都是不能被规定的。

然而颇为有意思的是，相似的道理到了佛家那里便换了种说法，禅宗宣称："否定一切，才是肯定一切。"如《般若心经》云："色即是空，空即是色，受想行识，亦复如是。"还有段颇有禅机的对话为证：

有一次，道光禅师问大珠慧海禅师道："禅师，您平常用功，是用何心修道？"

大珠："老僧无心可用，无道可修。"

道光禅师："既然无心可用，无道可修，为什么每天要聚众劝人参禅修道？"

大珠："老僧我上无片瓦，下无立锥之地，哪有什么地方可以聚众？"

道光禅师："事实上你每天聚众论道，难道这不是说法度众？"

大珠："请你不要冤枉我，我连话都不会说，如何论道？我连一个人也没有看到，你怎可说我度众呢？"

道光禅师："禅师，

您这可打妄语了。"

大珠:"老僧连舌头都没有,又如何打妄语?"

道光禅师:"难道器世间,有情世间,你和我的存在,还有参禅说法的事实,都是假的吗?"

大珠:"都是真的!"

道光禅师:"既是真的,你为什么都要否定呢?"

大珠:"假的,要否定;真的也要否定!"

道光禅师终于言下大悟。

对于所有东西的否定才是对其的肯定。说到真理,有时要从肯定上去认识,但有时也要从否定上去认识。如《般若心经》云:"色即是空,空即是色,受想行识,亦复如是。"这是从肯定中认识人生和世间;《般若心经》又云:"无眼耳鼻舌身意,无色声香味触法。"这就是从否定中认识人生和世间。大珠慧海禅师否定一切,不是打妄语,因为否定一切,才是肯定一切。

维特根斯坦的镜子

逻辑是世界的一面镜子。

——(奥地利)维特根斯坦

差劲的小说家只会讲故事,但优秀的小说家却能将故事展现给我们看。小说如人生,当情感展现出来,才能最好地发挥它的威力,单纯的叙述会使它失去价值。哲学家维特根斯坦在年轻时

便认为，思想家企图寻求的一切真理，无论是理智上的还是道德上的，都适用于上述原则。哲学是反映世界之镜，不是来清晰地说明世界的。他相信，世界和人类思想的本质都无法被言说，而只能加以呈现。20世纪初期，哲学家将哲学问题重新归纳为语言问题。而早在100年前，康德便明白，唯有先理解感觉器官，以及以感觉器官作为媒介的思维过程，才有可能理解世界。

维特根斯坦则更进了一步，他认为既然一切理解均需通过语言，那么研究语言即能掌握世界最精确的样貌。

1920年，也就是《逻辑哲学论》出版前两年，维特根斯坦归隐到阿尔卑斯山当小学老师，当时他才31岁，不过他认为75页的《逻辑哲学论》已经把哲学问题统统解决了。9年后，维特根斯坦回到剑桥，又重新开始解决这些哲学问题。

在东部前线服役时，维特根斯坦听说有个法庭案件，当庭展示了一条街道的模型，用来说明导致车祸事件发生的原因。他由此获得灵感，认为语言字词的功能便如同模型里的玩具车和玩偶一般，被组织起来建构一幅现实世界的景象。

接着，他又主张一切表述系统必定是以此类比喻方式加以运作的。虽然语言里使用的字词和其所指涉的对象并不相似，只是大家一致同意用来代表特定对象的任意符号，然而，当我们比较语句里字词与实际事物间的关系时，相似性就出现了。叙述与事实的关系，就像是比例尺地图与其所代表的实际地域的关系。虽然地图理所当然比实际地域小得多，但重点在于，地图上所标示的地点间的距离，模拟了实际世界中对应物之间的距离。

维特根斯坦又继续推论，语句的结构或形式必须和世界的现实事物所显露的事实相同，语言才能发挥功能，世界所包含的各类结构必须反映在我们用来谈论这些结构的语言的结构中。

正如复杂的事实可以被拆解成更小的部分一样，语言也可以被分解成更简单的元素。名词代表世界上的简单事物，而名词在语句中的结合方式，则代表名词所指涉的对应事物彼此之间的关系。事物间存在着空间关系，而字词间则存在着逻辑关系。当我们说"那只猫在垫子上"时，会知道是"那只"猫在"那张"垫子上，我们理解了这一陈述，就确认了语言与实在间的共同结构。这好比用尺或透明格网把说的话与世界量一量，看看彼此是否相符，如果是的话，说的话便是真的。

真实世界里的事物彼此间相互联系，本身并非额外的独立事物。猫坐在垫子上时，存在的有猫、垫子，以及猫和垫子的关系，但并没有第三件可被称为"猫正坐在垫子上"这样的事物了。同样地，语句中字词间的逻辑关系并非额外的字词，而是仅展现于所谈论之事物的结构中。了解这点相当重要，因为这意味着语言和其所描述的世界之间的关系，本身无法在语言中加以陈述。世界上有一样东西是图所无法描述的，那就是图本身，它无法借由自我描述来说明自己是幅图。

鸡生蛋还是蛋生鸡

潜能的实现是结果。

——（古希腊）亚里士多德

鸡生蛋还是蛋生鸡，这是一个哲学问题。

你也许会感到可笑，这是日常生活中常见的争论，怎么会是一个哲学问题呢？实际上，关于先有鸡还是先有蛋的问题的争论，在哲学和科学等许多领域都已经持续了千百年，不同的人给出的答案五花八门。

据报道，对于"鸡生蛋还是蛋生鸡"这个问题，英国谢菲尔德大学和沃里克大学的科学家日前给出了确切答案："先有鸡。"

一组研究人员发现鸡蛋壳的形成需要依赖于一种叫 OC-17 的蛋白质，而这种蛋白质只能在母鸡的卵巢中产生。研究人员因此得出结论，只有先有了鸡，才能够有第一个蛋的产生。

谢菲尔德大学工程材料系的弗里曼博士说："之前人们怀疑是先有蛋，但是现在根据科学证据显示，实际上是先有鸡。这种蛋白质已经被确认，它与蛋的形成密不可分，并且我们已经了解到其是如何控制这一进程的。这相当有趣，不同类型的鸟类似乎用这种蛋白质在做着同样的工作。"

在过去对"先有鸡还是先有蛋"这个问题的争论中，科学家们一般都倾向于先有蛋。2008年，加拿大古生物学者泽勒尼茨基称，通过对7700万年前恐龙蛋化石的研究，明确的谜题答案浮出水面：恐龙首先建造了类似鸟窝的巢穴，产下了类似鸟蛋的蛋，然后恐龙再进化成鸟类。因此很明确，蛋先于鸡之前就存在了，鸡是由这些产下了类似鸡蛋的肉食恐龙进化而成的。

有些哲学家也认为先有蛋，英国伦敦国王学院的哲学家帕皮诺甚至从哲学的角度证明了先有蛋。他说："种瓜得瓜，种豆得豆。

说是袋鼠下的蛋,结果孵出的是鸵鸟,那么这枚蛋一定是鸵鸟产的,而不是袋鼠产的。"同理,第一只鸡不可能是从其他动物所生的蛋中孵出来的,只可能先有鸡蛋才有鸡。

更有意思的是,虽然这个问题是谁先提出来的已经不可考,但在哲学史上却有不少的大家涉足其中,争论不休。在这里就讲讲希腊哲学家史上的两位哲学家的观点吧。一位哲学家是柏拉图,在他的哲学中最重要的"理念"哲学论,他认为世界由两部分组成——所谓的"二元论",一部分是我们所看到的事物,另一部分是我们的理性。他还进一步说明了我们的眼睛不太可靠,我们所看到的事物和它在我们理性中的模型不完全符合,他把这个模型称为"理念";在他看来,"理念"先于事物而在我们的头脑里存在,也就是说,我们之所以在看到马时能认出这是匹马,是因为马的"理念"已经在我们的头脑里存在。然后我们回到这个问题上来,按照他的哲学理论,当我们还未见到鸡却知道鸡会生蛋时,我们就会理所当然说是先有鸡然后才有鸡蛋,因为我们头脑里已经知道这回事并且我们相信我们的理性。

然而,另一个希腊哲学家——亚里士多德,同时也是柏拉图的学生,在崇拜他的老师的同时,也提出了自己的、与自己老师截然相反的哲学观点。他认为我们世界也是由两部分组成的,即事物与理性,但是我们应该相信我们的感官,也就是说我们所看到的就是客观的,它们不会随我们的意志而转移。在明白了柏拉图的哲学理论后再来理解亚里士多德的哲学理论,我们就会得出与其相反的结论,即是先有蛋后有鸡。同时他还认为,蛋是潜能,鸡是结果。潜能先于结果,因而蛋先于鸡。

你也许会对上面的争论感到可笑,因为大家到最后还是没有说明白到底是先有鸡还是先有蛋,但我们至少可以从上面的思维方式中得到启发,哲学本来就不是有标准答案的。先有鸡还是先有蛋也许永远都不会有令所有人信服的答案,因为它本身就是一个循环论证的过程,其中的哲学思维方式确实颇为闪光和有趣。

芝诺悖论

飞矢不动。

——(古希腊)芝诺

哲学可以明智,它通过逻辑的训练让我们无限拓展思维的深度和广度。我们可以说逻辑学是研究思维、思维的规定和规律的科学,但是我们更应该明白,哲学和逻辑,无处不在。时至今日,当我们试图在哲学的卷帙浩繁中撷取沧海一粟时,也不得不回望历史,将我们的目光聚焦于古希腊那个璀璨的轴心时代。古希腊哲学家芝诺就曾经提出过一些著名的悖论,对以后数学、物理概念产生了重要影响,芝诺悖论就是其中一个。

阿基里斯是古希腊神话中善跑的英雄,传说他的速度可以和豹子相比。在他和乌龟的竞赛中,他的速度为乌龟速度的10倍,乌龟在他前面100米处跑,他在后面追,但他不可能追上乌龟。

因为在竞赛中,追者首先必须到达被追者的出发点,当阿基里斯追到 100 米时,乌龟已经又向前爬了 10 米,于是,一个新的起点产生了;阿基里斯必须继续追,而当他追到乌龟爬的这 10 米时,乌龟又已经向前爬了 1 米,阿基里斯只能再追向那个 1 米。就这样,乌龟会制造出无穷个起点,它总能在起点与自己之间制造出一个距离,不管这个距离有多小,但只要乌龟不停地奋力向前爬,阿基里斯就永远也追不上乌龟!

中国古人也有相似的例子来表述这个"悖论",即著名的"一尺之捶,日取其半,万世不竭"。这个句子出自《庄子·天下》,是由庄子提出的。

一尺长的木头,今天取其一半,明天取其一半的一半,后天再取其一半的一半的一半,如此"日取其半",总有一半留下,所以"万世不竭"。简单地说,每次取一半的话,第一次是1/2,第二次是原长的1/4,第三次是原长的1/8……分子永远是1,分母都是2的平方数,到最终分母虽然会很大,但毕竟不是零,所以说"万世不竭"。一尺之捶是一有限的物体,但它可以被无限地分割下去。

这些结论在实践中是不存在的,但是在逻辑上却无可挑剔。芝诺甚至认为:"不可能有从一地到另一地的运动,因为如果有这样的运动,就会有'完善的无限',而这是不可能的。"如果阿基里斯事实上在某个时刻追上了乌龟,那么,"这是一种不合逻辑的现象,因而绝不是真理,而仅仅是一种欺骗"。这就是说感官没有逻辑可靠。他认为:"穷尽无限是绝对不可能的。"芝诺悖论涉及运动学、认识论、数学和逻辑学问题,在历史上引起了长久的思索,至今仍保持着理论上的魅力。

❀ 思考着的人是高贵的

越是接近真理,便愈加发现真理的迷人。

——(法国)拉美特利

哲学以思想为对象,以追求真理为目标。可是,既然每一个人都能够思考,那为什么还要研究哲学呢?的确,我们每人、每

天都要面对繁芜的世界,有着这样那样的计较和考量。但是,正如物质有高下之分一样,思维也有自己划分层次和水平的依据。这一依据,就是我们能够在多大程度上运用思维探讨超感官的世界,而探讨这超感官的世界也就是遨游于超感官的世界。这种精神意义上的崇高追求滋养了我们的心灵,提升了我们生存的品质,完善了人之为人的基本价值。

思考着的人是高贵的,康德正是最高贵的思考者之一。

有一次,康德做了一个奇怪的梦。

在梦中,他独自划船漂到了南非一个荒芜的岛上。他在海上远远就看见那岛上有两根高耸入云的石柱,于是想凑近去看个究竟,谁知道刚一靠岸就被岛民给抓住了。没等开口,那些人的首领就告诉康德:如果说的是真话,就要被拉到真话神柱前处死;如果说的是假话,就要被拉到假话神柱前被处死。反正是死路一条了。

康德想了一想,说:"我一定会被拉到假话神柱前被处死!"

如果康德说的是真话,他应该在真话神柱前被处死,可按照他的话又应该在假话神柱前处死。反之,如果康德说的是假话,他应该在假话神柱前被处死,可按照他的话又应该在真话神柱前处死。于是,岛民们傻眼了,他们犹豫了很久,最后不得不把康德给放了。

岛民们要杀康德,完全还可以再立一根石柱,专门杀说悖谬话的人,或者杀说真假难定的话的人。实际上,在现实中,很多话很难简单地说它是真话还是假话。非真即假的思维方式是非常幼稚的。康德的梦至少说明了人类的理性并不是清晰明确的,在很多时候会陷入自相矛盾的陷阱。据说,康德醒来后受到启发,写出了《纯粹理性批判》中关于"人类理性二律背反"的章节,指出了人类的理性并不可靠。

二律背反是康德的哲学概念,简单解释起来,二律背反意指对同一个对象或问题所形成的两种理论或学说虽然各自成立但却相互矛盾的现象。纯粹理性的二律背反的发现在康德哲学的形成过程中具有重要意义,它使康德深入到对理性的批判,不仅发现了以往形而上学陷入困境的根源,而且找到了解决问题的途径。康德将二律背反看作是源于人类理性追求无条件的东西的自然倾向,因而是不可避免的,他的解决办法是把无条件者不看作认识的对象而视之为道德信仰的目标。虽然他对二律背反的理解主要是消极的,但他亦揭示了理性的内在矛盾的必然性,从而对黑格尔的辩证法产生了深刻影响。

子非鱼，安知鱼之乐

语言只是一种工具，通过它，我们的意愿和思想就得到交流，它是我们灵魂的解释者。

——（法国）蒙田

如果说人与人之间存在的语言不同是由于地域和文化差异引起的话，那么人与动物、人与自然的语言不通则是天然的结果。为什么？因为动物没有语言，更没办法交流，但事实确实如此吗？《庄子·秋水》中记录了这样一个故事：

庄周和惠施在濠水岸边散步。庄子随口说道："河里那些鱼儿游动得从容自在，它们真是快乐啊！"

一旁的惠施问道："你不是鱼，怎么会知道鱼的快乐呢？"

庄子反问道："你不是我，怎么知道我不了解鱼的快乐？"

惠施回答说："我不是你，自然不了解你；但你也不是鱼，一定也是不能了解鱼的快乐的！"

庄子安闲地回答道："我请求回到谈话的开头，刚才你问我说'怎么会知道鱼的快乐呢？'既然你问我鱼为什么是快乐的，这就说明你事先已经承认我是知道鱼是快乐的，而现在你问我怎么知道鱼是快乐的。那么我来告诉你，我是在濠水的岸边知道鱼是快乐的。"

"濠梁之辩"本来可以简单地理解为异类之间无法相通，彼此之间并没有办法交流感情，也就是说，鱼有鱼的欢乐，你有你的悲伤。但在这里有了另外的含义："子非鱼，安知鱼之乐？""子

非我，安知我不知鱼之乐？"这两句富有哲理的对话，辩出了角度决定视界的道理。庄子用感性去感知世界，而惠子则以理性去分析世界，故而两人争论不休。庄子是转换思维模式的高手，境由心生，我快乐自是鱼也快乐。

语言是表达思想的工具，哲学语言尤甚——这是一种有些区别于其他形式艺术的独一无二的艺术。其他的艺术都有一个共性，即通过一种特定的形式来表达感情，一旦对方懂得，那便上升为一种沟通，一种模糊的沟通。作者通过作品向观众展示内心，观众理解后便能体会内心感触，这是互相之间的诉说。而语言之不同，正是体现在它的直抒胸臆上，直接通过文字的媒介，非常直观，也更贴近大众，被大众所喜爱。这样的沟通方式，显得更明确。

但同时语言和文字也有所局限，对于使用不同语言和文字的民族来说，互相之间的交流就很成问题，通常需要一个精通各方语言的翻译。而对于无法用语言或文字来沟通的对象来说，这种沟通就更成问题了，可能只有庄子这样能融于自然的人才能办得到吧。

道可道，非常道

> 道可道，非常道。名可名，非常名。
> ——老子

按照我们通常的理解，语言是表述思想的工具，没有语言就没有思想，就没有文字，也就不会有哲学。按照西方传统哲学的观点，哲学追求的最高境界便是通过语言描述出这个世界最初始、最本源的东西。西方最早的哲学家泰勒斯便以"水"作为世界的本源来说明整个世界。

然而这种观点并不被普遍接受，特别是在中国古代哲学的话语中，宇宙存在的本源并不一定是可以被语言描述的。在中国，"道"通常被认为是世界本源的代名词，《道德经》开篇的第一句话就写道："道可道，非常道。"

《道德经》第一章一开始就写道："道可道，非常道。名可名，非常名。"王弼对此的解释是："可道之道，可名之名，指事造形，非其常也。故不可不道，不可名也。"

一般来说，这里第一个、第三个"道"字解作"终极真理"，第二个"道"字解作"言语，说话"。意思大概是，可以用言语解释妥当的"道"，就不可能是真正的"道"。如果我们给予"道"一个名字，这个名字也肯定不能把"道"形容妥帖。

由于人认识的局限性,我们所说的"道"都只是真正的"道"的一部分,无法窥见"道"的全貌,故无法反映"道"的本质。例如我们说这是一张桌子,可那只是我们的说法,它是什么呢?是一堆木头,还是一堆原子,都只反映了它的一个侧面。

正因为"道"本身不可言说,所以老子在《道德经》后面写道:"吾不知其名,强名曰'道'。"也就是说:"这个'道'字虽然不肖,但我(老子)还是先把这个终极真理叫作'道'好了。"

老子不明言道,就不会落入语言的桎梏中,而道虽不可描述却仍在发挥着作用。平常的规律在边界处就发生了变化,边界处的道违反了常理,原来这就是"非常道"。"道可道,非常道"作为《道德经》的开篇,不仅掷地有声,而且异常准确。道是可以被阐述的,但是它违反常理。这句话可以给我们以下两方面的启示:一方面,当事物发展到边界的时候,它所反映出的规律一定是违反常理的;另一方面,当事物展现出有悖常理的特性时,它一定处于某种边界状态。

在老子的哲学中,"道"似乎无处不在,无所不包。由于道是万物的根本,如果道不可知,"不可道",或只可意会而不可言传,则贯穿了道的精神的万物也就玄妙起来,以道为核心的老子思想自然也就成了玄妙的思想。

笛卡尔的梦

笛卡尔,近代科学之祖。

——(法国)莱布尼茨

大家都经常做梦,但很少有人能够想起梦中发生的事情。梦往往是人对自己在现实中无法完成的事情的想象,比如"南柯一梦""黄粱一梦"。然而有一些人却能从梦中得到启发,悟出道理。法国著名哲学家笛卡尔就曾经从梦中获得很多的启示:

笛卡尔是近代著名的哲学家,同时是近代哲学的创始人,他第一个提出了"我思故我在"的观点,强调理性是不可辩驳的出发点,引起了古代哲学向近代哲学的转向。而如此足以彪炳史册的转变其实是从三个梦中得到启示的。

根据笛卡尔自己的回忆,1619年11月10日晚上,他连续做了三个梦。在第一个梦中,很多幽灵出现

在他的面前，使他心惊肉跳；在第二个梦中，他觉得眼前光亮闪烁，他能清楚地看清周围的东西；在第三个梦中，他看到一部字典和一本诗集，并能够判断，字典象征着各门科学的综合，诗集象征着哲学和智慧的统一。这三个梦境如此清晰，几乎与现实不分。笛卡尔认为第一个梦表示认识和知识需要摆脱假象的迷惑，第二梦和第三个梦表示理性是重建知识体系的可靠基础。因而他提出了普遍怀疑的观点，并最终找到知识不可辩驳的起点——"我思"。

笛卡尔同时也是伟大的数学家，他用坐标把代数和几何联系起来，把数和形紧密联系在一起，创建了一门新的非常有用的数学分支——解析几何。而颇为不可思议的，坐标也是他在梦中发现的。

他在23岁时就在研究能否用代数计算来代替几何证明。有一天夜里，他梦见窗前一只黑色苍蝇在飞，眼前留下了苍蝇飞过的痕迹，时而是一条斜线，时而是一条弯曲的线。苍蝇停住了，留下一个深深的小黑点。他猛然惊醒，梦境深深印在脑海中，使他难以入睡，突然他悟出了其中的奥妙。苍蝇就是一个点，他的位置不是可以用他到窗边的距离来确定吗？这就是坐标的思想；苍蝇飞过留下的痕迹不就是这个点经运动而产生的直线和曲线吗？这就把几何图形和坐标联系起来了。

解析几何的创立使运动进入了数学，使常量数学发展成变量数学，也引起了无穷小概念的发展，促进了微积分的创立。解析几何已成为研究其他数学分支和力学、物理学及其他自然科学十分重要的数学方法。

笛卡尔通过梦中的启示建立了自己的认识论哲学，引起了古代哲学向近代哲学的伟大转向；同时通过梦中的启示发明了解析几何，引起了古代数学向近代数学的伟大转向。难怪有人笑称，是笛卡尔的梦划分了古代和近代。

泰勒斯的一滴水

万物的本源是水。

——（古希腊）泰勒斯

世界是复杂的，因而是难以认识的。人的思维倾向于先认识最简单的事物，再认识由简单事物构成的复杂事物。而世上的一切，不管是金属、山脉、气体还是人类，皆可还原到单一的一种属性。任何现象在经过还原后会变得更易掌握，也不再那么神秘，因为组成元素比起整个系统来说，更容易为人所理解。古希腊哲学家泰勒斯早就提出了类似的观点：

泰勒斯被认为是西方第一位哲学家，大约于公元前624年出生于古希腊的一个城邦。他是一个贵族的孩子，本应进入政界或去经商，但他却对自然更感兴趣，对身边各种各样的现象表现出强烈的好奇。

泰勒斯的好奇心保持了一辈子，他立下了一个大志，要探寻组成这个世界万事万物的最根本的东西是什么。当时很多人都觉得他疯了："一个年轻人，既不去做生意，也不去找份好工作，

难道想做神仙?这个世界由什么东西组成,那是由天上的神去管的,用得着我们人类去操心吗?"

然而泰勒斯就是这样一个人,他认定的事情就要一做到底。他花了很长时间,观察了很多事物,总结出来的一句话是"万物源于水"。例如一切生命都离不开水,种子只有在潮湿的地方才能发芽,大陆被海洋包围。另外,泰勒斯还观察到水的形态是易变的,它既可以变为气体,也可以变为固体,正由于其形态的转换,从而形成万物,并渗透于其中。

泰勒斯向埃及人学习观察洪水,很有心得。他仔细阅读了尼罗河每年涨退的记录,还亲自查看洪水退后的现象。他发现每次洪水退后,不但留下肥沃的淤泥,还在淤泥里留下无数微小的胚芽和幼虫。他把这一现象与埃及人原有的关于神造宇宙的神话结合起来，便得出了万物由水生成的结论。对泰勒斯来说，水是世界初始的基本元素。埃及的祭司宣称大地是从海底升上来的，泰勒斯则认为地球就漂在水上。

泰勒斯用水是世界的本源来解释各种现象。泰勒斯认为，水是组成一切事物的基本材料，物质是压缩过的水，而空气则是蒸发后的水。他也坚称整个地球是浮在一座大湖上的圆盘，大湖产生的波浪和涟漪便是地震之源，而天上下雨则是因天河水过多涨涌出来的。

泰勒斯的方法虽然在现在看起来有些简单和片面，但他却开拓了哲学最重要的思维方式——还原。而哲学，在很大意义上可以说就是一种从现象还原到本源的学说。只要对事物研究得够深刻，剖析得够详尽，观察得够仔细，都可以将其还原为一种简单的可以认识的属性。这正是我们不断认识和分析事物的基本方式，而这，就是哲学。也正是因此，泰勒斯被称为西方哲学史上第一位真正意义上的哲学家。

苏格拉底的追问

> 如果我是因为自己有知而指出你们的无知，那是我不对。但请不要忘记，我自己也是无知的。
>
> ——（古希腊）苏格拉底

在资讯泛滥的当今，鼠标一点尽知天下事，然而知道这些知识，并不能称之为有智慧的人。做一个有智慧的人而不是单纯有知识的人。做一个有智慧的人的方法有很多，苏格拉底的方式是最简单也是最实用的。

苏格拉底探讨真理的方法很简单，那就是对话，站在不同立场上的两个人的对话。在谈话的过程中，各自吸取了对方的优点。在彼此不断地追问中，去揭示问题的本质。这种对话是辩证的，不断提升的。

苏格拉底在法院门口遇到了欧西弗洛，欧西弗洛因其父亲的疏忽导致一名工人丧生，于是便打算以侵犯神的权利的罪名到法庭控告父亲。苏格拉底了解事情来龙去脉后，开始了与欧西弗洛

的对话。

苏格拉底:"太好了,既然你对神非常崇敬,要维护他的权利,那就请你做我的老师,告诉我什么是'敬'。"

欧西弗洛:"'敬'就是做的事情要让神高兴。"

苏格拉底:"那么多神,应该让哪一个神高兴呢?况且神与神之间有那么多恩怨仇恨,让这个神高兴的事,另外一个神不一定高兴啊!"

欧西弗洛觉得很有道理。如此一来,苏格拉底就把焦点转移了。他们继续讨论,苏格拉底的每一句问话都是谦虚的,"请你回答""请你告诉我",最后,欧西弗洛难以招架,只好说:"总之,敬神就是对神很好。"

苏格拉底:"对神很好,是不是就像照顾马一样?你对马很好,替它刷背、洗澡,目的是利用它为你拉车。这么说你是在利用神吗?"

欧西弗洛顿时哑口无言。在苏格拉底的追问下,他感到自己并不知道什么是敬神,又怎能用这个理由来控告父亲?于是他借故离开了。

苏格拉底从来不告诉别人什么知识,而是不断地与人对话,只要别人说出一个观点,他就不断地追问,一直问到别人答不出来为止。

智慧必须由自己觉悟而生,不能由别人给你。苏格拉底的母亲是一位助产士,协助别人分娩婴儿;苏格拉底认为自己好似心

灵上的助产士，协助别人生出智慧的胎儿。苏格拉底生长在雅典这样一个爱琴海畔的小小城邦，人口只有几十万，却从来不觉得有什么局限，因为他能时时地追问，将这最原始的方法发挥到极致。这或许也是他能成为四大圣哲之一的原因。

第三章
和谐就是一切

一草一木皆有其生命

人，充满劳绩，但却诗意地栖身于大地之上。

——（德国）荷尔德林

"子钓而不纲，弋不射宿"，意思是说孔子钓鱼，但不用绳网捕鱼。孔子射鸟，但不射栖宿巢中的鸟。以前的人通常将此事看成孔子"取物以节"，不妄杀滥捕。其实这里更注重的是仁爱之情，即一草一木皆生命，岂可不爱惜的道理。

世间的生命原本是没有所谓"高低、贵贱"之分的，每一个生命都有着它所存在的意义与价值。关怀生命并不仅仅是去关怀我们人类自身的生命，而是去关怀这世间一切具有生命的生物，哪怕是一只小小的蚂蚁，一株还没有发芽的小草。因此，任何一个生命都是值得我们去关怀的。

佛教主张"慈悲为怀"。佛曰："一滴水中有四万八千虫。"佛法中不杀生、众生平等的观念和教义都极为深刻地体现了佛法对生命的尊重与关怀。一个生命无论有多么卑微，在这个世界上都应该有其自己的一席之地。

滴水和尚19岁时就进了曹源寺，拜仪山和尚为师。开始时，他被派去替和尚们烧水洗澡。有一次，师父洗澡时，嫌水太热，便让他去提一桶冷水来。他提来凉水后，先把部分热水泼在地上，加入冷水，等热水调温以后，又把多余的冷水也泼在了地上。

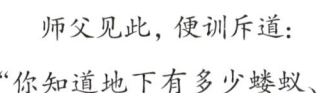

师父见此，便训斥道："你知道地下有多少蝼蚁、草根生命吗？这么烫的水下去，会坏掉多少性命。而剩下的凉水浇花多好，可活草树。你若无慈悲之心，出家又为何？"

经此一训，他瞬间开悟了，后来便以"滴水"为号。

人生天地间，要存一颗怜悯之心，无论是对他人，还是对各种生物，毕竟我们生活在一个地球上，是同命运、共呼吸的伙伴。

对生命的关怀并非是悲天悯人的道德完善，也并非是居高临下的施舍，它是生命对生命平等的尊重和关怀。人与自然本身便是一个不可分割的整体，自然赋予我们作为人的身份并不是让我们凌驾于其他生命之上，而是为了让我们与其他的生命和谐、友好地相处，让世界在这种和谐相处中健康而持续地发展。

其实，即使只是一只毫不起眼的小蚂蚁，也是造物主的恩赐，它与我们人类的生命并没有本质区别，它也应该享有生命的权利和尊严。很多时候，我们在关怀其他的生命的同时，也是对我们自身的关怀与尊重。

智者乐水，仁者乐山

智者乐水，仁者乐山。智者动，仁者静。智者乐，仁者寿。

——孔 子

孔子的自然观强调"知命畏天"的伦理意识，身体力行，培养一种"乐山乐水"的伦理情怀，自觉地与大自然融为一体，体味大自然化生万物的无限魅力。这是一种士人修养、人生境界的体现，是人生追求的目标和最高境界。

子路、曾皙、冉有、公西华侍坐。子曰："以吾一日长乎尔，毋吾以也。居则曰：'不吾知也！'如或知尔，则何以哉？"

子路率尔而对曰："千乘之国，摄乎大国之间，加之以师旅，因之以饥馑；由也为之，比及三年，可使有勇，且知方也。"

夫子哂之。

"求，尔何如？"

对曰："方六七十，如五六十，求也为之，比及三年，可使足民。如其礼乐，以俟君子。"

"赤，尔何如？"

对曰："非曰能之，愿学焉。宗庙之事，如会同，端章甫，

愿为小相焉。"

"点,尔何如?"

鼓瑟希,铿尔,舍瑟而作,对曰:"异乎三子者之撰。"

子曰:"何伤乎?亦各言其志也。"

曰:"莫春者,春服既成,冠者五六人,童子六七人,浴乎沂,风乎舞雩,咏而归。"

夫子喟然叹曰:"吾与点也。"

在此不难看出,孔子为什么赞成曾晳的想法。"莫春者,春服既成,冠者五六人,童子六七人,浴乎沂,风乎舞雩,咏而归。"

曾晳追求人与自然和谐的理想契合了孔子的"乐山乐水"情怀。孔子要培养的理想君子,既有仁者胸怀又能治世,而且具备"乐山乐水"的伦理情怀,从而实现"老者安之,朋友信之,少者怀之"的社会理想。

顺应自然与回归自然

辅万物之自然,而不敢为。

——老　子

老庄强调因顺自然,认为人应与自然和谐一体。他们认为,人也只是自然中的普通一物,自然本身有内在的活力,而人如果总用自己狭隘的规范给它条条框框,就会把这个活力封死。老庄也反对人类把自己的意志强加给自然,对于自然的规律横加干涉和改变。庄子讲过的一个寓言就反映了这种因顺自然的必要。

南海之帝批和北海之帝忽一起去拜访中央之帝浑沌,浑沌热情周到地款待了他们。告别之时,南海之帝和北海之帝想回报一下浑沌。他们商量说,人人都有七窍用来看、听、吃和呼吸,可唯独浑沌没有,我们来为他打开七窍吧!于是,他们一天给浑沌打开一窍。七天后,七窍是开了,而浑沌却因此而死去了。

人为地改变自然,不仅无益,甚至会置自然之物于死地。道家主张返璞归真,反对异化,回归自然。人从自然中来,还要回到自然中去。我们往往就觉得无非要清心寡欲,降低对物质生活的要求,总之,就是过"苦行僧"式的生活,至于为什么如此,却总是难以理解；对这样做的效果，更是不知所以。

庄子有一次在钓鱼，他已经钓了一桶鱼了，好友惠施来看他，惠施那时候在魏国做了大官，很威风，他自己坐了一辆车，后面还跟着一个车队，一行浩浩荡荡。庄子一看到惠施这样子，只做了一件事：把一桶鱼全倒进河里，就剩了一条回家去了，不理惠施。

庄子是什么意思呢？他就拿一条鱼，实际上首先是对惠施的夸张炫耀行为的一个讽刺。人根本不需要坐十几辆车，但人在文化习俗里养成的人和世界关系，它就是一个占有的心态，但不是说占有了要用，他是要在占有里边对比。

一个人占有得越多，似乎就表明他越成功。而事实上，正如庄子自己所做的那样，人占有那么多是没有必要的，一条鱼就足

够吃了,何必要一桶?庄子觉得人要从这种占有的心态中退出,要回到自然。回到自然不是去隐居,与禽兽同群,而是说人要摆脱外在的诱惑和负累,随意自然地生活,这样才能做到真正的自由。所以在这个意义上我们说他是修身,他和儒家的修身不一样,他最后表现出来的是非常率真的真性情。回到自然,也就是回到人的真实存在。

人类的自我惩罚与救赎

民吾同胞,物吾与也。

——张 载

上帝造了亚当、夏娃之后,由于他们犯了原罪而将之逐出伊甸园,他们的后代子孙传宗接代,不断繁衍,逐渐遍布了整个大地。但是人类打着原罪的烙印,上帝诅咒了土地,人们不得不付出艰辛的劳动才能果腹,因此怨恨与恶念日增。人们无休止地相互厮杀、争斗、掠夺,人世间的暴力和罪恶简直到了无以复加的地步。

上帝看到了这一切,非常后悔造了人,对人类犯下的罪孽心里十分忧伤。上帝说:"我要将所造的人和走兽并昆虫以及空中的飞鸟都从地上消灭。"为了惩罚堕落的人类,上帝制造了一次史无前例的大洪灾,但是他又舍不得把他的造物全部毁掉,他希望新一代的人和动物能够比较听话,悔过自新,建立一个理想的世界。

只有善良的挪亚得到了上帝指点,造了一条巨大方舟,当洪水到来的时候,他一家人上了方舟。船上还有狮子、老虎、兔子、鸽子等动物以及种子和粮食。挪亚带着家人和这些无辜的动物从大灾难中幸存下来。大雨直下了40个昼夜,雨停后,挪亚方舟在汪洋中飘浮了整整7天,最后停泊在亚拉腊山脉。他和他的家人走出方舟,把方舟上的动物也都放了出来,重新开始建立一个世界。

上帝为惩罚人类的罪恶而制造了如此大的灾难,但是他的目的是期盼人类能由此而改恶从善,安居乐业,因而他不会真正毁灭世界,他在保存人种的同时却也不忘保存动物和植物。

人与大自然的其他一切生物是共存的,生命是人与自然界共同孕育的。甚至在这场灾难之后,上帝向挪亚做出了承诺,说今后无论人类的行为多么坏他永远不会再用洪水毁灭地上的生物了。

在古代中国,也早就有以自然为母体,与自然和谐相处的

理念。北宋哲学家张载提出"民吾同胞，物吾与也"，意思是说，天下之人皆我兄弟，天下之物皆我同类，我对他人他物均应待之如兄弟。上帝又何尝不是自然的使者，在向人类对自然的罪恶做出惩罚呢？

得不偿失的交易

> 除了得到食欲和性本能的暂时满足，或者不管什么情况下的一点点片刻的舒适。
>
> ——（德国）叔本华

"知识就是力量"是培根一句脍炙人口的名言，人们往往拿这句话来说明现代文化和科技的重要作用。没有现代科技，就没有我们乘坐的汽车，没有我们拨打的电话，甚至没有我们惬意的现代生活。

然而，这句话并不是培根思想的全部。在培根看来，人是自然的主人，可以驾驭自然。但"要命令自然，就必须服从自然"，即认识自然规律，掌握科学知识。正是从这个角度出发，培根提出了"知识就是力量"的著名论断，至今影响我们一代又一代人的生活。知识是力量，但要是应用不当就是不可逆转的破坏性的力量。

1948年，瑞士化学家保罗·米勒因发明了对人和动物有剧毒的有机氯杀虫剂DDT而获诺贝尔生理学和医学奖。最初DDT

确实发挥了巨大的功效。二次大战末期，各国士兵用DDT来杀灭虱子，以阻止斑疹伤寒的传播。而斑疹伤寒是影响部队实力的严重疾病，甚至影

响到拿破仑的军队于1812年远赴莫斯科的征战。在1948年的诺贝尔奖授奖大会上，瑞典的G.费希尔兴奋地说："出人意料地、戏剧性地突发转机，DDT成为力挽狂澜的角色。"

然而1962年，美国女生态学家蕾切尔·卡逊在出版的《寂静的春天》中指出，DDT作为剧毒化学物质杀死了大量生物，而且对人和环境也产生了难以估量的严重危害：作为美国象征的白头海雕因DDT和其他杀虫剂的毒杀濒临灭绝，世界许多地方的青蛙因DDT污染而致畸形，DDT使用较多的地方导致鸟类减少甚至灭绝。DDT不仅抑制人和生物的免疫系统，损害神经和生殖系统，而且有致癌作用。作者清醒而担忧地预言："我们长期以来一直行驶的这条道路，使人容易错以为是一条舒适、平坦的超级公路，能让我们在其上高速前进。实际上，在这条路的终点却有灾难在等待着。"

蕾切尔所描述的恐怖景象，从20世纪60年代至今，正在一

步步发生。联合国环境规划署认为，大量事实证明每年由人类释放到环境中的污染物中，持久性有机污染物的毒性是最大的。随着从南极企鹅的体内检测出DDT超标的消息传来，也许这个世界上真的没有一块净土了。人类如果不限制有毒化学物质的生产与消费，最后吞下苦果的还是人类自己。人类依然在拼命破坏环境、耗竭资源来换取一点生活欲望的满足，但是始终没能跳出叔本华的悲剧性断言。我们付出了那么多，就是为了吃喝拉撒欲望之需，且把地球搞得越来越糟，人类遭受更大痛苦的危机日益加重。这是何等得不偿失的一场交易！

如果人们问培根，知识是如何获得改变自然的力量的呢？培根的回答是，人的知识是对自然的因果规律的了解，了解自然的因果关系之后，就可以改变它、命令它，趋利避害，使自然规律为人类的利益服务。然而可惜的是，现代人只看到了知识具有力量这一面，却忽视了知识本身就应该建立在尊重自然规律的基础之上，从而导致像滥用DDT那样造成的恶果一再发生。

1988年波兰导演基耶斯洛夫斯基所拍摄的《十诫》，以10个当代波兰人的故事将古老的"十诫"重新演绎，揭示了当代人所处的种种道德困境。其中每一集与基督教教义里的"十诫"有着一种松散的对应关系，一共10个短片。

10岁的男孩帕维尔母亲去世，父亲独自抚养着他。帕维尔编了一个程序，可以和死去的妈妈对话。父亲相信一切都能够用电脑方程式运算出来。冬天到了,父亲让帕维尔打电话询问最近3天的温度。得到的回答是:"今天 –11℃,昨天 –14℃,前天 –12.5℃。有8天的霜冻。"父亲将它们一一输入电脑,计算结果很快出来了,冰面的承受强度为每平方米可以承受257公斤,"一个比你重3倍的人"。帕维尔兴奋地晚上睡不着觉。

隔天下午父亲独自在书房工作。突然,放在桌上的一支钢笔开始渗漏,墨水瓶破裂,深色墨水洒在书上。湖上的冰裂了,帕维尔沉落湖底,再也没有上来。

显然人类将他们科学活动的作用夸大了。实验室里的活动是在理想条件之下的活动,而任何具体的人类事务,总会遇到许多偶然的、意想不到的情况,受着某时某地条件的限制,而不像实验室的情况那样纯粹,实际生活并不是用任何原理所构筑起来的。这种盲信科学主宰一切,将科学当作一切声音中的最强音,乃至用科学蓝图去改造社会,是21世纪人类悲剧的来源之一。

尼采的锤子打破偶像

上帝死了。

——(德国)尼采

尼采打造了一把哲学"锤子",用来"试探"各种偶像,"用锤子敲打,好比音叉一般",直到发出的回响证明它们不过是尘土为止。人类建构的至高无上真理——"偶像",其背后基础不

过是历史的产物。

在《偶像的黄昏》之中,尼采一开头就写道:这篇小文章是"战争的伟大宣言",更是为试探偶像而作;这一次的偶像不只是某时代的偶像,而是"永恒的"偶像,锤子或音叉敲都行。没有比这更古老、更令人确信、更神气的偶像——也没有更空洞、虚伪的偶像。

尼采试图告诉世人,我们建构至高无上的真理的基础——我们的偶像——只不过是历史的产物。他认为这个历史,只是一段自欺欺人的可悲故事。他主张人类不应透过理性来理解生命与本质,而应诉诸意志之力。原因并不在于我们可因而变得更加了解世界(虽然事实上的确如此),而在于如此行动乃是忠于自我本性与"权力意志"之道。尼采形容"权力意志"为"表现权力的强烈欲望、权力的行使与运作、一种创造性驱动力",他认为现代人普遍缺乏这种能力。此外,尼采更相信,权力意志堕落如此之甚,必须将我们的道德体系完全摧毁,才能唤醒权力意志的往日荣光——世界到那时便是"超人"。

尼采认为我们所发现的真相绝对不是这个世界的本质，而是个人的真相意志强加给它的，因为这个世界本质上是混乱无序的。当个体的自我追求不变之时，即将秩序强加给混沌的世界。人类理解世界的体系不过是哲学家们意志的纪念碑，这样的系统不是依逻辑而建构，反而更像是一种艺术创造。超人不仅能面对四周的混沌，更能通过其权力意志在混沌中加上秩序。

尼采认为，如果这看起来是一种突发奇想的观点，那所谓"客观"真理的概念也好不到哪里去。既然像上帝爱万物这样的虚妄观点能在痛苦的现实中为世人带来安慰的话，那么科学家无条件地选择偏好"真理"而不是"虚妄"只不过是一种道德上的偏见而已。它甚至是一种自我毁灭式的偏见，因为在尼采认定的历史发展过程中，人类对独立于我们的知觉的"真实"世界的信念，转向内部并否定了自身赖以存在的基础。

这个过程从柏拉图就开始了。柏拉图曾构想了一个由智慧和美德所掌控的"真实"世界，后来这个"真实"世界和基督教相互融合，以上帝的形式给世人以希望。到了康德的哲学里，理想世界的性质超出了人类理解能力之外，但它至少是存在的。然而，后来的哲学家仍继续追问，人类怎样才能够期待从不可知的事物身上得到指引。

于是，正如尼采所言，所谓"真实"世界根本是"无用而多余"的，它需以"表象"世界为呈现媒介，而这样一来，事物便不可能"在自身之中"呈现真理，即使最明显的"事实"亦是一种解释。尼采也承认，他自己这种观念，本身只是一种诠释。然而，尼采并不认为各种诠释都不分轩轾，因为他用道德的量作为衡量真理的标准。快乐、健康、强壮的个体真理和诠释，要比脆弱、卑贱的个体更为可取。令尼采厌恶的是，他发现西方世界的普遍价值似乎源于后者。弱者如何办到的呢？面对具有不屈不挠的"权力意志"的勇者，他们不是完全无法匹敌吗？尼采的回答是平庸之辈以多数取胜。

　　道德时代于是开始，因为高贵的人不需要规则来加以约束，更不需要处罚来加以胁迫。道德不是用来约束"个人"的，而是用于"平庸大众"的，他们将自己的善恶观灌输给我们，不让个人创造自我价值。少数仅存的个人主义则饱受众人的抨击。群众的反抗激起内心的罪恶感和良心的折磨，进而压抑了人类本性的自由挥洒。罪恶横行，摧毁了人类的自尊，生命更是和驮着重物的骆驼无异，丝毫没有自在悠闲的状态。然而，我们却幻想所过的日子既轻松又舒适，相信"和平时代，好战之人只能攻击自己"。希腊的柏拉图主义这种堕落哲学，先否定"自然的"美德，再进一步否定了感官世界，甚至连自我也被加以分离。在意志直接表露之前，就将个人与他所做出的行动分开，揭示其行为是出自"善"或"恶"的动机。

整个哲学史都是柏拉图的注脚

> 在哲学中,我至少学会了要做好准备去迎接各种命运。
>
> ——(古希腊)第欧根尼

哲学通常是对终极问题的探讨,当任何一门具体学科无法继续进行下去的时候,往往是哲学站出来解决重大的理论难题,促进具体学科的继续发展。然而当哲学遇到问题的时候该如何解决呢?实际上作为对终极问题探讨的哲学,甚至连一个终极问题都没有解决,大家只是在不断地争吵。英国现代哲学家怀特海讲,整个哲学史都是柏拉图的注脚。任何一种理论,要么是柏拉图主义的,要么是反柏拉图主义的。

柏拉图,从任何方面来说,都是西方文学传统上最耀眼的作家之一,也是哲学史上最有洞察力和影响力的作家。作为一个高地位的雅典公民,在工作中,他显示出对政治事件和当时的知识分子活动的关注,但是他提出的问题是那么影响深远,他使用的处理问题的策略有丰富暗示性和振奋性,教育了差不多每一时期的读者。几乎在每一个时代都有哲学家认为他们在某些重要的方面是柏拉图主义者。他不是第一个应该使用"哲学家"这个词的思想家或作家,但是他对于哲学该如何构思,它的范围及正确的追求目标是那么自知。通过他全力抓住的哲学的主题,一般被认为是对伦理、政治、形而上学、认识论议题的严格与系统的考察,通过一个有特色的被称为是他发明的方法装备起来,他就是如此改变了知识分子潮流。哲学史上只有少数的其他作家在深度和广度上接近于他——亚里士多德（和他一起学习的人）、阿奎那和康德。

柏拉图与他的学生亚里士多德比起来，在西方得到了更多的尊重和注意。因为他的作品是西方文化的奠基文献，在西方哲学的各个学派中，很难找到没有吸收过他的著作的学派。在后世哲学家和基督教神学中，柏拉图的思想保持着巨大的辐射力，他被称为是西方哲学的奠基人。有的哲学史家认为，直到近代，西方哲学才逐渐摆脱了柏拉图思想的控制。

12世纪以前，亚里士多德的学说一直被教廷排斥，甚至欧洲已经不再流传亚里士多德的著作。当时，柏拉图的学说占统治地位，因为圣奥古斯丁借用和改造了柏拉图的思想，以服务神学教义。直到13世纪，托马斯·阿奎那利用亚里士多德的学说解释

宗教教义，建立了烦琐和庞大的经院哲学，亚里士多德才被重新重视。

纵观整个哲学史，任何一位哲学家都没有真正地绕开柏拉图，因为他在很多的方面都开创了哲学的研究方式和对象。研究哲学便是沿着柏拉图的道路前进，虽然你可能不赞同他的观点，但作为哲学发展记录的哲学史便是对柏拉图思想最好的解释。

关于回归的约定

鸟的迁徙是一个关于承诺的故事。

——（法国）雅克·贝汉

"飞翔对鸟来说不是人们想象的什么乐趣，而是为了生存的拼搏。它们要穿越云层、迎着暴风雨，许多困难不是我们能够想象的。"雅克·贝汉将镜头对准我们头上共同的蓝天，以细腻而优美、自然且浪漫的笔触讲述了大自然中一个永恒的传奇。在他的镜头下，候鸟们的每一次振翅，每一次飞翔都那么真实可触，原野大江、冰山峡谷都是那么瑰丽多姿。

电影重点围绕候鸟南迁北移的旅程，讲述了候鸟如何战胜自然环境，在大风沙中寻找出正确方向，在冰天雪地中如何保护自己，在浩瀚的海洋中如何猎食的故事。

电影中,沙丘鹤在漫天风沙中寻找出路,既要面对酷热天气的考验,也要抵御大风沙的摧残,它全都默默承受,与大自然作战到底,目的只有一个,就是要找到出路。

一群迁徙的鸟准备中途歇息,望着高耸的大厦却无从落脚。一阵探寻之后,它们只能歇息在满布污垢和油腻的下水道中。无意间,一只鸟迈进了厚浊的油潭中越陷越深,不能自拔。鸟群目睹着眼前惨烈的一幕,在惊慌中争相逃命。而那只可怜的鸟,只能在徒劳的喘息声中哀鸣而死。

在雅克·贝汉的镜头里,我们看到的,已经不仅是纪录片式的"注视",而是饱含了对于自然生灵的热爱。作为观众,影片中的每一个镜头都让我们于无意识间睁大眼睛,不仅仅是因为看到了一些日常生活里见所未见的奇观，更因为那镜头背后浓重的情绪凝聚——人性之中的某些高尚品质已经被投射到这些生灵上。

回想影像中群鸟翔集过工业城市的工厂密集处，那浓重的烟尘与呛鼻的气味恍若一下子喷薄而出，响彻着力透纸背的悲怆之气。那些被工业污染夺去生命的弱小而强大的存在，它们的灵魂一如纤弱而柔韧的细丝。雅克·贝汉的忧心忡忡，借由这些琐碎而残酷的影像片段一寸寸展现出来。如今的城市，高高的钢筋混凝土建筑鳞次栉比，在这中间，人们为了装点城市，种上了树和草。其实这片茕茕而立于城市之中的绿色却是单调的、零散的，早已失去了原先的色彩和生气。树木与花草间飞舞的，只剩下飞扬的尘土和浑浊的机动车尾气，还有偶尔游荡其中的飞虫。在自然不断地遭受破坏的同时，鸟类也在不断地重新选择迁徙地，下一个春天，它们将迁往哪里？

自然发怒，后果很严重

> 在所有头脑的影响之中，大自然的影响可谓是在时间上最先，在作用上最为重要的。
>
> ——（美国）爱默生

人是自然的产物，是自然界的一部分。然而，随着人类征服自然的能力不断增强，人的欲望亦增强，人类与自然界的距离不断扩大，人的自然本性逐步丧失与沦陷。这是人类为了生存而无法避免的一个矛盾的现实。所以，从某种意义上来讲，人类的发展过程就是一个不断地自我异化的过程，不断为自己创造对立面并不断走向对立面的过程。

普希金的童话《渔夫和金鱼的故事》的寓意积淀着人类的生态良知。故事可以被视为一个四幕剧：

第一幕：金鱼出现之前，渔夫与老太婆在大海边的生活——"老头儿和他的老太婆住在蓝色的大海边，他们住在一所破旧的泥棚里，整整有三十又三年。老头儿撒网打鱼，老太婆纺纱结线。"三十又三年，渔夫依赖大海而生存，渔夫和大海是一个连续不断的生命统一体，自然万物之间在真实地感受彼此的存在。那是一个漫长、寂静的原初生态时期，人类在无知无欲中享受着这抒情诗般的田园生活，人与自然间的"和谐"存在于对自然及简朴的自然生活的真实、有力和互动的审美体验中。

第二幕：金鱼出现后与渔夫建立的关系——"放了我吧，老爷爷，把我放回海里去吧，我给你贵重的报酬：为了赎身，你要什么我都依"。金鱼开口讲话打破了沉默的原始生态本体，也让人自身的意识形态发生了分化。人与自然之间的知足、简朴、合一的整体平衡被打破，人不再安分于其在生态自然中的位置。一种新的关系即人与自然的给予与索取的契约关系开始确立。

第三幕：关系建立之后渔夫与老太婆的生活发生的变化——

从"新木盆"到"敞亮的木房",从"世袭的贵妇人"到"自由自在的女皇"。人的意志开始强制地作用于自然,文明开始入侵生态。人如同吃了智慧树果实的亚当和夏娃一样从这个契约关系中意识到了索取的权力,并因为索取而使欲望不断发酵,不断浓烈。

第四幕:渔夫和老太婆所得到的一切的消失——"他前面依旧是那间破泥棚,他的老太婆坐在门槛上,她前面还是那只破木盆。"亚当和夏娃因欲望最终被逐出了伊甸园,人类对自然持续扩大的索取也激怒了自然,最终失去了和谐自然的生活。

人是自然的孩子,和谐才是母子的相处之道。为什么老子如此坚持"小国寡民"的理想?为什么梭罗到瓦尔登湖边后,亲手搭建木屋,并把生活必需品减少到最低限度,付出种种努力,穿越思维的索道?别无其他,旨在追寻原初田园生存的状态而已。

因为在这种状态下,人与自然构成了和谐的整体:朴实、简单、知足,是这幅整体图景的底色;天、地、人以自然、有序、链条式的生存结构循环运转,是这幅整体图景的背景。

技术是一把双刃剑

有机械者必有机事,有机事者必有机心。

——庄 子

《庄子·天地》中有这样一则故事:

子贡到南方楚国旅行,返回晋国时,路上见一老人正在整治菜园,他挖了一条隧道通到井底,用瓦罐取水浇园,累得浑身大汗,用力很多而效率却很低。

子贡见状,上前说:"有种机械,一天可浇百畦,用力很少而功效很高。老先生不想用它吗?"

浇园老人抬起头看着他说:"什么意思?"

子贡说:"用木头做个机械,后头重、前头轻,提水像抽出的一样,快得好像沸水上溢,名叫桔槔。"

浇园老人愤怒得变了脸色,冷笑着说:"我听我的老师说,有机械必有机械的事,有机械的事必有机谋的心。机谋的心藏在胸中,心灵就不纯洁。心灵不纯洁,精神就摇摆不定,没有操守。精神没有操守,就不能得道。我不是不知桔槔快,而是感到羞耻才不用它的。"

技术历来就是一把双刃剑,在给人类带来巨大社会财富的同时,也给人类带来了种种困扰和不安。这种困扰和不安表现在两个方面:一方面,技术既能做"善事",也能做"恶事",逐渐成了人自己不能控制的力量,它逐渐走向了原来目的的反面。另一方面,也是最关键的一方面,技术会"玷污"人的心灵,也就是,技术的发明和使用会改变人的思维方式,会打开人的欲望,从而远离天地大道。老人之所以不使用子贡所说的桔槔,是害怕欲望上身,精神迷失,从而陷入万劫不复之境地。

《庄子·天地》中还讲了另外一则寓言:

尧的老师是许由,许由的老师是啮缺,啮缺的老师是王倪,王倪的老师是被衣。尧请教许由说:"啮缺可以担任天子吗?我想通过王倪邀请他。"许由回答说:"这样恐怕会危害天下呀!啮缺这个人,为人聪明睿智、机警敏捷、天赋过人,又能以人力去成就天然。他懂得去防堵过失，但却不能知道过失从哪里产生。要他担任天子，他就会凭借人力而摒弃自然。他将会以人为本体而区分人我，将会看中智巧而急着使用，将会被小事所役使，被外物所牵绊，四处张望而应接不暇，事事苛求完美，随着外物的变幻而不能保持常态。他哪有资格担任天子呢……"

庄子认为，一个人如果只知道用智巧的机心去面对世界，别说去治理天下了，做一个人都难。因此，我们存在这个世界上，虽然由于各种各样的因素，不能完全驱除机心，那也要尽量减少"机心"。

一个人在城市中生活得太久，往往会机心沉重，渐渐忘记了自己的来路和自己曾经的梦想和追求，所以很多人都想去城郊体验一下农家乐的乐趣。其实，去不去城郊农家与你能不能驱除机心并没有太大的关系，驱除机心也并不是要求你不再工作，不食人间烟火，关键还在于你自己的心，在于你审视自己的生命了没有。

赫胥黎的预言

人们感到痛苦的不是他们用笑声代替了思考，而是他们不知道自己为什么关心以及为什么不再思考。

——（英国）赫胥黎

赫胥黎的《美丽新世界》，是 20 世纪最经典的反乌托邦文学之一，与乔治·奥威尔的《1984》、扎米亚京的《我们》并称为"反乌托邦三部曲"，在国内外思想界影响深远。

赫胥黎为我们描绘了虚构的福帝纪元632年即公元2532年的社会。这是一个人从出生到死亡都受着控制的社会。在这个"美丽新世界"里，由于社会与生物控制技术的发展，人类已经沦为垄断基因公司和政治人物手中的玩偶。这种统治甚至从基因和胎儿阶段就开始了。人们渐渐爱上压迫，崇拜那些使他们丧失思考能力的工业技术。

在新世界里，人类把汽车大王亨利·福特尊为神明，并以之为纪年单位，它的元年是从福特第一辆T型车上市那一年开始算起的。

在这个想象的未来新世界中，人类已经人性消泯，成为严密科学控制下一群被注定身份、一生命运的奴隶。

故事世界里头，近乎全部人都住在城市。这些城市人在出生之前，就已被划分为"阿尔法（α）""贝塔（β）""伽马（γ）""德尔塔（δ）"和"爱普西隆（ε）"五种"种姓"。阿尔法和贝塔最高级,在"繁育中心"孵化成熟为胚胎之前就被妥善保管,以便将来培养成为领导和控制各个阶层的大人物;伽马是普通阶层,相当于平民;德尔塔和爱普西隆最低贱,只能做普通的体力劳动,而且智力低下,尤其是许多爱普西隆只能说单音节词汇。此外,那些非阿尔法或贝塔的受精卵在发育成为胚胎之前都会被一种叫"波坎诺夫斯基程序"的方法进行尽可能大规模的复制,并且经过一系列残酷的"竞争"之后才能存活下来,可谓"出胎即杀"。例如书中以电极惩罚接触花朵的婴儿,以暴力洗脑的方式教育。书中的第五姓经以人工的方式导致脑性缺氧,借以把人变成痴呆,好使这批人终身只能以劳力工作。

管理人员用试管培植、条件制约、催眠、睡眠疗法、巴甫洛夫条件反射等科学方法,严格控制各姓人类的喜好,让他们用最快乐的心情去执行自己的被命定一生的消费模式、社会性和岗位。真正的统治者则高高在上,一边嘲笑,一边安稳地控制着制度内的人。

婴儿完全由试管培育、由实验室中倾倒出来,完全不需要书、语言,有情绪问题用"苏麻"(一种无副作用的致幻剂)麻痹,所谓的"家庭""爱情""宗教"等皆成为历史名词,社会的箴言是"共有、统一、安定"。

一个"野蛮人"约翰和母亲由美国新墨西哥州的"野蛮人保留区"进入了作为那个时代的最大政权"世界国"的重要城市伦敦。

当地人非常惊讶，因为野蛮人有太多使他们不解的地方。而野蛮人也对伦敦有太多使他不解的地方，他为了人生的自由、为了解放城市人而努力过一会儿，但最后却受尽城市人的白眼、取笑，陷入绝望，直至最后他自杀而死。

正是在这个"美丽新世界"里，人们失去了个人情感，失去了爱情，失去了痛苦、激情和经历危险的感觉。最可怕的是，人们失去了思考的权利，失去了创造力。在"美丽新世界"中，每个人都失去了自己的个性与追求，像一台不知烦恼的机器一样活着，不会有悲伤，但也不会有快乐。

以史为鉴，可以知兴替

> 问题是晦涩的，人生是短暂的。
>
> ——（古希腊）普罗塔哥拉

中国历史悠久，史籍浩如烟海，历史内容丰富多彩，历史人物风姿万千，我们中华民族有一部令子子孙孙为之骄傲、为之神往的历史。当然，任何事物都有两面性。对于每一个人来说，面对悠久而丰富的历史，究竟怎样去了解它、认识它并从中获得教益、受到启迪与鼓舞？这就不是一个简单的问题了。看来，怎样读史，的确值得认真思考、认真研究。

"以铜为鉴，可正衣冠；以古为鉴，可知兴替；以人为鉴，可明得失。"这段话出自唐太宗李世民与大臣魏徵的故事。

　　唐太宗时，大臣魏徵能直率地向唐太宗提意见，经常在朝廷上直抒己见，唐太宗也能听取正确意见，所以在他统治期间，政治清明、社会安定，唐朝出现了经济繁荣、国力强盛的局面。魏徵病死后，唐太宗失声痛哭，非常悲伤，下令为魏徵立碑，亲自撰写碑文并亲笔书写。太宗时常想念魏徵，于是就有了上面那段著名的感慨。

　　中国历史上每一个有责任感、有成就的史学家，都会以他们心血凝聚起来的思想留给后人许多有益的启示。对此，我们首先想到的自然是太史公司马迁。司马迁写的《太史公书》——后人称作《史记》，一方面展示了辉煌的中国通史，一方面凝聚了他对史学和历史的深刻理解与认识。两千多年来，赞叹它、研究它的人数不胜数，证明了它有巨大的魅力和不朽的地位。对于这样一部宏伟的历史著作所展示的历史长卷来说，在历史运动中的个人，都扮演着怎样的角色呢？这些角色和他们所活动的历史舞台及其背景，对今天的人们有些什么样的重要启示呢？对于这样的问题，不同时代的人都会有属于他那个时代的思想范围内的一些认识，而从不同角度看问题的人也会有属于他那个领域或视角范围内的一些认识，这是一部说不尽的"史家之绝唱"。尽管如此，在太史公的深邃的思想领域中，必有一些最根本的、对不同时代不同的人们来说都是十分重要的思想观念。

人们为什么要学习历史？人们应该用什么方法或态度对待历史和现实的关系？这是有关社会公众同历史学之关系的最根本的问题，直至今天，还不断有人提出类似的问题来。其实，关于这个问题，太史公早已作了精辟的回答。他写道："居今之世，志古之道，所以自镜也，未必尽同。帝王者各殊礼而异务，要以成功为统纪，岂可绲乎？"他指出了现实中的人们之所以要了解历史、认识历史，是把历史作为现实的一面镜子来看待，加以对照，作为借鉴。既不是把历史与现实等同起来，也不是要现实去模仿历史，二者是不应当混同的。这明确地指出了古今的联系和区别：因有联系，故可"自镜"；因有区别，故"未必尽同"。以往帝王"各殊礼而异务"，他们的制度、政策往往是不同的，但都是要达到治理国家的根本目的。可见"自镜"绝不是混同古今。这

两点,很辩证地阐明了"居今之世"何以要"志古之道"。

以史为鉴,是一种态度,这种态度表明我们面临着一个开放的历史。历史不只是记录在泛黄的书页上的陈年旧事,而更多的是一种经验,一种教训,一种传承。在这个意义上,任何历史都具有现代性的意义。

盗火的普罗米修斯:为全人类的幸福

为人类的幸福而劳动,这是多么壮丽的事业,这个目的有多么伟大!

——(法国)圣西门

我们生活在这个世界上,很多时候不能只依靠自己,因为自己的力量毕竟有限,不能克服所有的危险,完成所有的任务。我们可能时时需要别人的援助之手来帮我们渡过难关。而世界上恰恰有一种人,愿意为别人的利益舍弃自己的利益,甚至牺牲自己。古希腊神话中的普罗米修斯是这类人的代表:

在希腊神话中,人类是普罗米修斯创造的。他也充当了人类的教师,凡是对人有用的,能够使人类满意和幸福的,他都教给人类。同样地,人们也用爱和忠诚来感谢他、报答他。但最高的天神领袖宙斯却要求人类敬奉他,让人类必须拿出最好的东西献给他。普罗米修斯作为人类的辩护师触犯了宙斯。

作为对他的惩罚,宙斯拒绝给予人类为了完成他们的文明所

需要的最后的物品——火。但普罗米修斯却想到了个办法,用一根长长的茴香枝,在烈焰熊熊的太阳车经过时,偷到了火种并带给了人类。

于是,宙斯大怒,他吩咐火神给普罗米修斯最严厉的惩罚。可是火神很敬佩普罗米修斯,于是悄悄地对他说:"只要你向宙斯承认错误,归还火种,我一定请求宙斯饶恕你。"

普罗米修斯摇摇头,坚定地说:"为人类造福,有什么错!我可以忍受各种痛苦,但绝不会承认错误,更不会归还火种!"

火神不敢违背宙斯的命令,只好把普罗米修斯带到高加索山,用一条铁链把他绑在一个陡峭的悬崖上,让他永远不能入睡,疲惫的双膝也不能弯曲,在他起伏的胸脯上还钉着一颗金刚石的钉子。他忍受着饥饿、风吹和日晒。此外,宙斯还派一只可恶的鹫鹰每天去啄食普罗米修斯的肝脏,白天肝脏被吃完了,但在夜晚肝脏就会重新长出来,这样,普罗米修斯所承受的痛苦便没有尽头了。尽管如此,他还是没有屈服。就这样,日复一日,年复一年,直到一位著名的大力士赫拉克勒斯用箭射死神鹰,用石头砸碎铁链,将他解救出来为止,他一直忍受着这难以描述的痛苦和折磨。

古希腊神话是世界文化史上一朵绚丽的奇葩,神话中蕴藏着取之不竭的文化宝藏。如能从哲学的角度加以审视,就会得到很多有益的启示。普罗米修斯实际是为人类盗取理性,只有有了理性的火种,人才能成为这个世界上有意义的存在。作为天神的普罗米修斯本没有必要这样做,但是他深爱着人类,为了人类不惜冒犯主神宙斯，为了人类的幸福不惜牺牲自己。这才是我们心目中真正的英雄。

一切历史都是当代史

> 知道人类究竟在寻求什么的是哲学家，而不是历史学家。告诉我们人类已经发现了什么，以及明天可能还将会发现什么的是历史学家，而不是哲学家。
>
> ——（法国）雷蒙·阿隆

"一切历史都是当代史"，这是克罗奇被人引用到泛滥的一句话，然而如果因此望文生义地理解为这是歪曲历史以迎合现在，错过的就不只是克罗奇，还有这篇文章和作者在希腊罗马之间上下求索的意义。

当法西斯主义在意大利横行的时候，作为一个书斋学者，克罗齐却撰写了《反法西斯知识分子宣言》，征集了几百个著名知识分子的签名，在《世界报》和其他大报上发表，这不啻直接向墨索里尼宣战，其勇气和气魄令人叹服，其强烈的社会责任感和使命感让人敬佩。这样一种在紧要历史关头甘做中流砥柱、不惧暴力和压迫的精神，确是知识分子良知的最好体现。更难能可贵的是，克罗齐的这种反抗是长期的，在近20年的时间里，他从未向墨索里尼低头，一直担任着意大利知识界反法西斯的精神领袖。在此期间，他以学术研究为武器，用自己的历史著作和哲学

著作与法西斯作战。

正是带着如此强烈的现实关怀，克罗齐才在历史研究领域表现出了自己的特色，即"一切历史都是当代史"。对于克罗奇这句话的解读，可以从以下两个方面：

从认识论的角度可以认为，历史正是以当前的现实生活作为其参照系的，这意味着，过去只有和当前的视域相重合的时候，才为人所理解。一个在自己现实生活中完全不懂得爱情魅力为何的俗物，大概不能理解克拉奥佩特拉的眼泪如何使得一个王朝覆灭。他们最多只知道有如此这般的事情，但是不能领会它们。故此可以说，一个对中国民法典的体系毫无热情的人，就不能真正懂得希腊化的罗马法学在形式理性上的成就。

从本体论来看，其含义是说，不仅我们的思想是当前的，我们所谓的历史也只存在于我们的当前——没有当前的生命，就没有过去的历史可言。所谓"当代"，是指它构成我们当前的精神生活的一部分，历史是精神活动，而精神活动永远是当前的，绝不是死去了的过去。对克罗齐来说，时间本身不是独立的存在，也不是事物存在的外在条件；它只是精神自身的一部分，所以我们既不能把时间，也不能把过去看成是精神以外的事物。故此又可以说在大家看来早已消逝的古罗马的荣光，其实依然活生生存在于精神之中，存在于每一个热爱罗马法的人的精神和著述之中。只要它还影响着我们，它就存在于我们之间。

雷蒙·阿隆在《知识分子的鸦片》一书中称，"知道人类究竟在寻求什么的是哲学家，而不是历史学家。告诉我们人类已经发现了什么，以及明天可能还将会发现什么的是历史学家，而不是哲学家。"或许，克罗齐不仅可以告诉我们人类在寻求什么，也能告诉我们明天将会发生什么。

第四章

人是万物的尺度

斯芬克斯之谜

认识你自己。

——(古希腊)苏格拉底

哲学是一种对世界本质的思考,自然也体现了对人的本质的思考。在这个世界上,我们最熟悉同时也最陌生的就是人本身了,说熟悉是因为我们就是人本身,说陌生是因为我们至今对于人还没有一个准确的定位。哲学家虽然被认为是最睿智的人,但是对于人到底是什么的问题也是争论不休。也许,人是什么,注定是一个难解的斯芬克斯之谜。

在希腊神话故事里,有一个狮身人面的怪兽,名叫斯芬克斯。它性格非常怪异,它有一个谜语,询问每一个路过的人,谜面是:"早晨用四只脚走路,中午用两只脚走路,傍晚用三只脚走路。"

据说,这便是当时天下最难解的斯芬克斯之谜。如果你回答不出,就会被它吃掉。它吃掉了很多人,直到俄狄浦斯给出谜底。

而俄狄浦斯的谜底是"人"。他解释说:"在生命的早晨,人是一个娇嫩的婴儿,用四肢爬行。到了中午,也就是人的青年时期,他用两只脚走路。到了晚年,他是那样老迈无力,以至于他不得不借助拐杖，作为第三只脚。"斯芬克斯听了答案，就大叫了一声，从悬崖上跳下去摔死了。俄狄浦斯猜中了，斯芬克斯之谜，就是人的谜、人的生命之谜。

然而，斯芬克斯之谜并没有被真正解开。人的一生可以划分为婴儿、青年和老年时期，但无论是四只脚、两只脚还是三只脚都无法概括人的本质，俄狄浦斯还是没有回答人到底是什么的问题。斯芬克斯的谜底也可以是一只猴子：早晨四脚着地出门，中午两脚着地摘果实，下午一只手抱着果实回家。我们最终得到的只是人可能的形态，而不是人的全部。相信当被问到人是什么的问题时，很少有人会对"人就是早晨用四只脚走路，中午用两只脚走路，傍晚用三只脚走路的东西"这样的答案表示满意吧。

可以说，人到底是什么，直到今天还没有一个令人满意的答案。人是生活在必然性当中,像拉美特利所说的那样像机器一样活着,还是能够独立承担自己的命运,像尼采说的那样只是一个"尚未定型的动物"。人性是善的,还是恶的?如果是善的,为什么为非作歹之事频频发生;如果是恶的,历史上为什么还会出现"杀身成仁"的壮举?也许这些问题不解决,人是什么的问题永远也不会解决。

因此,在"人是什么"这个问题上,也许并没有一个现成的答案,它的回答只能在历史当中,只能在"人是什么"的不断追问当中。也正因为此,斯芬克斯之谜才会成为千古之谜。

人不是万能的

人是一根会思考的芦苇。

——(法国)帕斯卡

哲学有不同的种类,有一种哲学使人趾高气扬,以为自己可以征服全世界;然而,另一种哲学不免使人气馁,自惭形秽,看到人自己的有限性。实际上,哲学应当是一面镜子,使人照见自己的卑劣与污秽。一种不知反省的哲学,会使人忘记自己,哲学应当使人学会批判自身。帕斯卡的哲学就是这样的哲学,而他关于人与世界的思考堪称后一种哲学的经典表达。

布莱士·帕斯卡,法国著名的数学家、物理学家、哲学家和散文家。主要贡献是在物理学上,发现了帕斯卡定律,并以其名

字命名压强单位。这位建树颇多的自然科学家,对于人也有着深刻的思考。有一天,当他从河边经过时,被水中密集的芦苇所吸引。狂风吹来,芦苇随风摇晃,几欲折断,而每次又坚强地站起来。帕斯卡由此联想到了人类:

"人只不过是一根苇草,是自然界最脆弱的东西,但他是一根能思想的苇草。用不着整个宇宙都拿起武器来才能毁灭他,一口气、一滴水就足以致他死命了。然而,纵使宇宙毁灭了他,人却仍然要比致他于死命的东西更高贵得多,因为他知道自己要死亡,以及宇宙对他所具有的优势,而宇宙对此却是一无所知。因而,我们全部的尊严就在于思想。"这是帕斯卡关于人的经典比喻,它让人认识到自身的弱点，也让人看到了自己的尊严。

帕斯卡这一比喻虽然深邃、精当，却也有些许悲凉。人确实很脆弱，人类的祖先在优胜劣汰的自然界中能够存活下来，完全是依靠他们的思想。思想生出了智慧，智慧维持了生命。在世界面前我们要谨记，人是一根会思考的芦苇。

然而人们仿佛只注意到了帕斯卡对人思想性的强调，却忘了帕斯卡所强调的前提：在广阔无边的大自然中，我们仅仅是根芦苇，无论人的思想多么伟大，他仍然是一根芦苇，一根弱不禁风的芦苇。以往的哲学都遗忘了这一基本事实，太过于理性，把人的思想看得过于高贵。西方哲学自文艺复兴以来强调"人是万能的""人定胜天"的道理，人的位置被抬得很高，甚至超过了我们存在的自然。

帕斯卡反对笛卡尔的理性至上论，认为只有轻蔑理性，才能有真正的哲学。在自然面前，我们最好还是做一根知道谦逊的芦苇。

世界对人的影响

近朱者赤，近墨者黑。

——傅 玄

洛克是英国经验主义的创始人，伟大的教育思想家。《人类理智研究》是洛克最重要的作品之一，在该书中，洛克提出了著名的"白板说"。在他看来,人的心灵如同一张白板,一切知识和观念都从经验中来:"我们的全部知识是建立在经验上面的,知识归根到底都是来源于经验的。我们对于外界可感事物的观察,或者对于我们自己知觉到、反省到的我们心灵内部活动的观察,就是供给我们的理智以全部思维材料的东西。这两者乃是知识的源泉,从其中涌出我们所具有的或者能够自然地具有的全部观念。"

由此出发,他在心理学上第一个提出了"联想"的概念,从而为联想主义心理学奠定了基础。洛克说,由感觉和反省得来的观念,最初都是简单观念。而我们心中有很多复杂观念,都是人的心灵用自己的力量把简单观念联合而来的。因此他很重视联想在儿童教育上的作用。他认为,教育对人的发展具有决定性的作用。洛克说,人人生而自由平等。在这个基础上,洛克致力于建设一套宽宏而有希望的政治,强调法律旨在保护和扩大公民自由,并不受他人束缚与强暴。

正是基于"白板说"的理论,洛克提出了很多关于教育改革的方案,特别注重环境的影响和制约。他希望通过对经验来源的优化来达到优化人本身的目的。"孟母三迁"则很好地说明了这种观点:

孟子小的时候,父亲早早地去世了。一开始,他们住在墓地旁边。孟子就和邻居的小孩一起学着大人跪拜、哭嚎的样子,玩起办理丧事的游戏。孟子的母亲看到了,就皱起眉头:"不行!

我不能让我的孩子住在这里了!"孟子的母亲就带着孟子搬到市集,靠近屠宰牲畜的地方去住。到了市集,孟子又和邻居的小孩学起商人做生意和屠宰牲畜的事。孟子的母亲知道了,又皱皱眉头:"这个地方也不适合我的孩子居住!"于是,他们又搬家了。这一次,他们搬到了学校附近。每月夏历初一这个时候,官员到文庙行礼跪拜,互相礼貌相待,孟子见了一一都学习记住。孟子的母亲很满意地点着头说:"这才是我儿子应该住的地方呀!"后来,大家就用"孟母三迁"来表示人应该要接近好的人和事物,才能学习到好的习惯,这也说明环境能改变一个人的爱好和习惯。

"孟母三迁"的故事，影响着世代中国人，也从侧面印证了洛克的"白板说"。中国有句古语："三岁看大，七岁看老。"洛克说："家庭教育决定孩子一生的命运。"不容置疑，一个人儿童及少年时代受的环境影响和家庭教育，终会影响其成年后的行为取向或处世态度。人可以影响这个世界，这个世界也可以塑造人。

人是万物的尺度

> 古希腊思想最吸引人的地方之一是，它是以人为中心，而不是以上帝为中心的。
>
> ——（英国）阿伦·布洛克

来自海滨城市阿布德拉的普罗塔哥拉可以称得上是古希腊第一位"智者"，也是智者学派的代表人物，是一个以向人们，主要是青年传授说话技巧和辩术的人。他将人的活动和创造性，人的认识和活动的社会意义、性质置于视野之外的研究方向，从对自然和"神"的研究转向对人和社会的研究。普罗塔哥拉把感性的个体——人以及人的感官作为判断一切事物的出发点，提出"人是万物的尺度"。普罗塔哥拉的一个学生与苏格拉底的一段对话，体现了他哲学的真正核心。

一个寒冷有风的夜晚，普罗塔哥拉的学生在路上遇见了苏格拉底。

苏格拉底:"你认为知识是一种感觉吗?"

普罗塔哥拉的学生:"至少我的老师认为是这样的。"

苏格拉底:"现在有风在刮着,你我有一个人会觉得冷,另一个人会觉得不冷,或者稍微觉得有点冷,是不是?"

普罗塔哥拉的学生:"是的。"

苏格拉底:"像你老师说的,对于感觉冷的人来说风是冷的,对于感觉不冷的人来说风是不冷的,而风本身冷或者不冷由人的感觉来定吗?"

普罗塔哥拉的学生:"后一种说法对。"

苏格拉底:"那么,风对每一个人来说都应该是一个样子的。人的感觉就可以作为为风的尺度。"

普罗塔哥拉的学生:"对,既然人可以定义风这样看不见的东西,更不用说那些可以看得见的东西了。"

苏格拉底:"人就是万物的尺度。"

普罗塔哥拉利用人的认识具有相对意义这点,揭示事物在一定条件下的相对性。他直接否定了神的存在,他说自己既不知道神是否存在,也不知道他像什么东西。如果有神,在各人心目中神也是不一样的,以致被法庭指控为"不敬神",判决当众烧毁他的著作,并将其逐出雅典。流放途中,他淹死在海里。

"人是万物的尺度",意思是人的需求是是非善恶的标准,只能是个人的感觉和利害,把社会或国家理解为个人的集合,强调个人选择。个人选择是否合理,人的行为是否善良,不是取决于客观世界,而是取决于社会或国家中大多数的理性选择。普罗塔哥拉认为,事物依靠人的感觉来判断。举个例子,逃跑在战争中是可耻的,而在竞赛中却是可以赞美的行为;杀敌人在战争中是需要的,但在平时的生活中却应该受到惩罚。美好和可耻、正义和非正义都取决于人的判断,这就是所谓的相对主义或者叫主观唯心主义。

英国哲学家贝克莱后来提出了"存在即被感知",与普罗塔哥拉的思想如出一辙。尽管"人是万物的尺度"带有浓厚的主观意味,但他却具有人本主义的精神。将冷热、好坏等事物性质看作是人的主观感觉的产物,否定事物性质的客观性。在认识论领域中,表现为把感觉作为知识。但它毕竟推翻了神是万物的尺度,把人作为主宰万物者,抬高了人的地位。

然而,人又该如何寻找自身的意义呢?人把自己当作尺度去衡量万物,寻求万物的意义,但是如果用人来衡量人的意义,岂不是造成了尺度和对象的同一?人不能用他物来衡量自身的价值，否则就是对自己的贬低。于是，对自身意义的探求使得人类进入了二律背反的境地。因此，人可以衡量万物，却无法衡量自己。

人为自然立法

人类之所以进步，是大自然的恩赐。

——（英国）培根

我们常说，人是万物的灵长。人是高贵的，因为人有理性会思考，同时意味着人具有改变自然、征服自然的能力。人类的进化史向我们昭示了人与自然关系的变迁，人类从敬畏自然、依赖自然转为认识自然、利用自然，为自然立法。

人为自然立法，作为一种主张，是德国著名哲学家康德在他的三大批判之一的《纯粹理性批判》里提出的。作为新时代的哲学家，康德深受休谟的影响，认为有些事情的确像休谟所怀疑的那样——我们怎么能够武断地说，我们知道了这个世界的因果联系呢？我们又怎么能够武断地说，我们发现了这个世界的本来面目呢？但是，康德又不能接受休谟怀疑论的最后结论，把自然界的规律仅仅看作是心理上的习惯，与人的认识能力无关，人对此也不能做什么。这就好比为了避免风浪的危险，就非要把船从海里弄到岸上来，然后让它在那里腐烂掉。"至于我，却不采取这样的做法。"康德说，"我是给它一个驾驶员。这个驾驶员根据航海术的可靠原理，并且备有一张详细的航海图和一个罗盘针,安全地驾驶这艘船,随心所欲地去任何地方。"具体到人与自然的关系,康德认为我们可以认识自然,并且成为在自然中航行的船只的舵手。

人为自然立法,表明人可以认识在自然的规律下存在和发展,手段便是那些"航海术、航海图和罗盘针"。那么,这些航海术、这张航海图和这个罗盘针又是指什么呢?它们就是"人的认识能力"。在康德看来,人的认识能力是一种理性能力。因为人都是有理性的,人依靠理性来认识世界。所谓"纯粹理性批判",就是要看一看,人的理性能力是如何使人获得知识的。

但是很多人误解了康德的意思。在康德思想的传播过程中,"人为自然立法"被宣扬为一种人高贵至上的理论。人的存在不再被认为是自然的结果,人在自然中生存完全是因为人具有自己的能力,能改造自然为自己服务。同时由于人的思想和技术的进步,人来为自然安排法则成为一种可能甚至是必然。用这种方式来看待康德的观点，实际上只看到了那些"航海术、航海图和罗盘针"，而忽视了在自然中航行的那艘船。实际上，没有了自然的承载，人什么都不是，所谓的技术完全没有了用武之地。

人是自然的产物，要热爱自然。人类只有爱护自然，保护生态平衡，自然才会赐福于人类。人要经常到大自然中去，感悟人与自然的亲密，关心自然，美化自然。这样，你才会理解人生和幸福，才会生活得快乐。

人的双向发展

> 人一旦成为他物，也就可以没有自己。
>
> ——（德国）弗洛姆

哲学家虽然认为人比动物高贵，但并不妨碍哲学家对于动物的赞扬。实际上，古今中外有很多哲学家都曾经歌颂过动物的伟大，指出它们有值得我们学习的地方。

哲学归根到底是要为人的存在和使用服务的，我们应该在认识到人与动物的区别之外，学会从动物界学习一些东西。

中国古代哲人孟子，他在讲人性的时候举了个例子：

当一个蹒跚学步的小孩子将要掉入井里时，在井边的任何成年人都会产生惊骇同情的心情，替那个孩子担忧。他一定会忍不住要上去拉一把，使这个孩子幸免于难。然而，这个为孩子担心的人，可能既不是想与孩子的父母攀交情，也不是想在乡亲朋友

面前沽名钓誉，更不是因为害怕听到孩子的哭声。他之所以做善事，只是出于一种人性生而有之的"恻隐之心"。

所以，孟子认为，人与禽兽的根本区别在于有没有五种德性，即仁、义、礼、智、信。人禽之别是中国古代哲人们一直特别关注的问题，他们得出的结论是：人之所以不同于其他动物，是因为人不仅仅是自然的存在，还是一种道德的存在。

再看看古希腊哲学家德谟克利特，他被认为是古希腊一个好学的人。他拿着祖上留给他的遗产——100塔伦特现金漫游了希腊各地，渡过地中海，到达了埃及，到达红海，到达巴比伦平原，往南一直到达埃塞俄比亚，往东到达印度。这是一位爱在游历中观察大自然的思想家。他发现人与动物之间有很密切的关系，他发现人是禽兽的"小学生":从蜘蛛那儿我们学会了织布和缝补,从燕子那儿我们学会了造房子,从天鹅和莺等鸟儿那儿我们学会了唱歌。人也许在理性上比动物更加高贵,但并不代表动物就不值得人们学习。

实际上,在现代科技的应用中,人类从动物那里学到的东西有很多。比如复眼相机、鸟巢构造,等等。在我国,早就有着模仿生物的事例。相传在公元前3000多年,我们的祖先有巢氏模仿鸟类在树上营巢,以防御猛兽的侵袭;四千多年前,我们的祖先"见飞蓬转而知为车",即见到随风旋转的飞蓬草而发明了轮子和车子;古代庙宇中大殿之前的山门的建造,就其建筑结构来看,颇有点大象的架势,柱子又圆又粗,像大象的腿;我国古代勤劳勇敢的劳动人民对于绚丽的天空、翱翔的苍鹰早就有着各种美妙的幻想。根据秦汉时期史书记载,2000多年前,我国人民就发明了风筝,并且应用于军事联络;春秋战国时代,鲁国匠人鲁班首先开始研制能飞的木鸟,并且他从一种能划破皮肤的带齿的草叶得到启示而发明了锯子。

据《杜阳杂编》记载,唐朝有个韩志和,"善雕木作鸾、鹤、鸦、鹊之状,饮啄动静与真无异,以关戾置于腹内,发之则凌云奋飞,可高达三丈至一二百步外,始却下。"西汉时期,有人用鸟的羽毛做成翅膀,从高台上飞下来,企图模仿鸟飞行。我国古代劳动人民对鸟类的扑翼和飞行进行了细致的观察和研究,这也是最早的仿生设计活动之一。明代发明的一种火箭武器"神火飞鸦",

也反映了人们向鸟类借鉴的愿望。

柏格森认为,动物都是用自己的身体器官作为生存的工具,而人却使用身体以外的东西作为生存的工具,能够使用、创造、发明工具甚至文明,从动物中借鉴自己所需要的。另外,动物具有种性却没有个性,人不仅可以做出种种选择,而且可以选择正向的,也可以选择负向的,完全由自己决定,人的选择与发展是双向的。

发现自己,求得新生

> 我要扼住命运的咽喉,它休想使我屈服。
>
> ——(德国)贝多芬

没有人问我们愿不愿意,就让我们来到这个世界上,开始了一呼一吸。没有人给我们讲清楚为什么,便开始了人生的旅程。在这场人生的旅途之中,不断遭遇着亲情、学业、爱情、工作的痛苦和快乐,从少年走到青年,从青年走到壮年,从壮年走到……没有人告诉我们什么时候是结束。当你正以为一切都已经结束、可以歇息的时候,却突然困惑起来:自己真的是属于自己吗?在生命的旅途中,究竟是谁在与自己同行呢?

一天,一个农民的驴子掉进了枯井里。那可怜的驴子在井里凄惨地叫了好几个钟头,农民在井口急得团团转,就是没办法把它救出来。最后,他断然认定:驴子已经老了,这口枯井也该填

起来了，不值得花太大的精力去救驴子。

农民把所有的邻居都请来帮忙填井。大家拿起铁锹，开始往井里填土。驴子很快就意识到发生了什么事，起初，它只是在井里恐慌地大声哀鸣。不一会儿，令大家不解的是，它居然安静了下来。几锹土过后，农民终于忍不住朝井下看，眼前的情景让他惊呆了。面对每一铲砸到驴子背上的土，它都做了出人意料的处理：迅速地把土抖落下来，然后狠狠地用脚踩紧。就这样，没过多久，驴子竟把自己升到了井口。它纵身跳了上来，快步跑开了。在场的每一个人都惊诧不已。

在现实世界，有很多人因为各种各样的原因，像这头驴子一样，在一口注定要给他带来苦难的井里挣扎。实际上，没有必要抱怨，把生活中压向你的一铲土，踩在脚底，照样可以求得新生，走向人生巅峰。

生命的战场不是没有同盟，只是这些盟友只能做我们精神上的"啦啦队"，给你加油，让你自信，而一切赛程却还要靠你自己的力量去完成，不能完全依赖别人。许多从艰苦的环境中奋斗出来的人，他们并不比我们拥有更多的天赋，而他们之所以能取得成功，是因为他们能够发现自己的价值。即使我们最终没能到达成功的彼岸，但只要用自己的力量征服痛苦，也能体会到一种快乐。

认识自己方能认识人生

聪明的人只要能认识自己，便什么也不会失去。

——（德国）尼采

世界上最难认清的就是自己。做人最重要的是有"自知之明"，然而"聪明人"很多，他们习惯揣摩别人的心理，于是对别人了如指掌，对自己反倒看不清楚。因而说知人易，知己难，"不识庐山真面目，只缘身在此山中"。如果对自己能多一分了解，也会对生命多一分正确的认识，"知人者，智；自知者，明。"

法国著名散文家、思想家蒙田在《论自命不凡》的随笔中写道："对荣誉的另一种追求，是我们对自己的长处评价过高。"这是我们对自己怀有的本能的爱，这种爱使我们不能认清自己。有位哲学家讲述了这样一个故事：

一位老师常常教导他的学生说："人贵有自知之明，做人就要做一个自知的人。唯有自知，方能知人。"

有个学生在课堂上提问道："请问老师，您是否知道您自己呢？"

"是呀，我是否知道我自己呢？"老师想，"嗯，我回去后一定要好好观察、思考、了解一下我自己的个性、我自己的心灵。"

回到家里，老师拿来一面镜子，仔细观察自己的容貌、表情，然后再来分析自己的个性。

首先,他看到了自己亮闪闪的秃顶。"嗯,不错,莎士比亚就有个亮闪闪的秃顶。"他想。

他看到了自己的鹰钩鼻。"嗯,英国大侦探福尔摩斯——世界级的聪明大师就有一个漂亮的鹰钩鼻。"他想。

他看到自己的大长脸。"嗨!伟大的林肯总统就有一张大长脸。"他想。

他发现自己个子矮小。"哈哈!拿破仑个子矮小,我也同样矮小。"他想。

他发现自己具有一双大蹩脚。
"呀,卓别林就有一双大蹩脚!"他想。

于是,他终于有了"自知"之明。

"古今中外名人、伟人和聪明人的特点集于我一身,我是一个不同于一般的人,我将前途无量。"

生活中这样的人不少。认识自己,并不是一件简单的事,它要求我们必须从性格、爱好等各方面全面分析自己。只有正确地认识自己，才能保持本色，找到适合自己的位置。认识自己，并且按自己的意图去办事，才能具有无穷的魅力。

很多人经常是处于一种既自大又自卑的矛盾状态。一方面，自我感觉良好，看不到自己的缺点；另一方面，却又在应该展现自己的时候畏缩不前。对自己的评价都如此之难，如果要反省自己的某一个观念、某一种理论，就更难了。还有很多人认为，认识自我就是认识自己的缺点。认识自己的缺点是好的，可以加以改进。但如果仅认识自己的消极面而不能自拔，就会陷入混乱，使自己变得自卑。与此同时，还要看到自己的优点。所谓的优点，是任何你能运用的才干、能力、技艺与人格特质。用积极的心态看待自己的过去、现在，发现那些优良的特质，利用这些优良的特质成就人生。

❀ 把握自己的心

我到处走动，没有做别的，只是要求你们，不分老少，不要只顾你们的肉体，而要保护你们的灵魂。

——（古希腊）苏格拉底

生活中，有很多人的心情都容易受到外界的影响，甚至将对自己的认识和评价建立在他人的态度之上。为什么人最难认清自己？主要是因为真心蒙尘。就像一面镜子，被灰尘遮盖，就不能清晰地映照出物体的形貌。

在佛教看来，真心不显，妄心就会成为人的主人，时时刻刻攀缘外境，心猿意马，不肯休息。人体如一座村庄，此村庄中主人已被幽囚，为另外六个强盗土匪（六识）所占有，他常在此兴风作浪，追逐六尘，让人不得安宁。

仰山禅师有一次请示洪恩禅师道："为什么吾人不能很快地认识自己？"

洪恩禅师回答道："我给你说个譬喻，如一室有六窗，室内有一猕猴，蹦跳不停，另有五只猕猴从东西南北窗边追逐猩猩。猩猩回应，如是六窗，俱唤俱应。六只猕猴，六只猩猩，实在很不容易很快认出哪一个是自己。"

仰山禅师听后，知道洪恩禅师是说吾人内在的六识（眼、耳、

鼻、舌、身、意)和追逐外境的六尘(色、声、香、味、触、法),鼓噪繁动,彼此纠缠不息,如空中金星蜉蝣不停,如此怎能很快认识哪一个是真的自己?因此便起而礼谢道:"适蒙和尚以譬喻开示,无不了知,但如果内在的猕猴睡觉,外境的猩猩欲与它相见,且又如何?"

洪恩禅师便下绳床,拉着仰山禅师,手舞足蹈似的说:"好比在田地里,防止鸟雀偷吃禾苗的果实,竖一个稻草假人,所谓'犹如木人看花鸟,何妨万物假围绕。'"

仰山终于顿悟。

佛法要求人能把握自己的心,别让自己的心那么散乱。人心一旦散乱了,活着就会觉得辛苦。

人们想要净心的时候,往往习惯于用理性去控制。但这样做的结果可能适得其反,告诉自己"不能动心,不能动心"的时候,心已经动了;提示自己"心不能随境转"的时候,心已经转了。真正的净心不是特意去控制它,也不是刻意去把握它。什么时候都知道自己的心,心自然而然就不动。心不动了,人就不会为外界的诱惑所动,从而净化自身。

心不动才能真正认清自己,遇到顺境不动,遇到逆境也不动,不受任何外在的影响。现代人的状况大多相反,遇到顺境的时候高兴得不得了,遇到逆境的时候痛苦得不得了,这就带来了许多痛苦。

人生不要自我设限

人由于觉得自己应行某事，就能够实行某事，并且亲自体会到什么是自由的。

——（德国）康德

我们心中唯一的限制，就是我们为自己设置的那个局限。高度并非无法超越，只是我们无法超越自己思想的限制，更没有人束缚我们，只是我们自己束缚了自己。

生物学家做过这样一个有趣的实验：

他们往一个玻璃杯里放进一些跳蚤，发现跳蚤立即轻易地跳了出来。重复几遍，结果还是一样。根据测试，跳蚤跳的高度均在其身高的 100 倍以上，所以跳蚤称得上动物中的跳高冠军。

接下来，实验者再次把这些跳蚤放进杯子里，不过这次是立即在杯上加了一个玻璃罩,"嘣"的一声,跳蚤重重地撞在玻璃罩上。跳蚤虽然也十分困惑,但它不会停下来,因为跳蚤的生活方式就是"跳"。一次次被撞,跳蚤开始根据玻璃罩的高度来调整自己所跳的高度。

经过一段时间,这些跳蚤再也不会撞击到这个玻璃罩了,而是在罩下自由地跳动。

第二天,实验者开始把玻璃罩轻轻拿掉,跳蚤不知道玻璃罩已经去掉了,还是按原来的那个高度继续跳。三天以后,实验者发现这些跳蚤还按原来的高度跳。一周以后发现,那些可怜的跳蚤还在这个玻璃杯里不停地跳着——其实它们已经无法跳出这个玻璃杯了。

后来,生物学家在玻璃杯下放了个酒精灯,并且点上了火。不到五分钟,玻璃杯烧热了,所有的跳蚤自然发挥求生的本能,每只跳蚤再也不管头是否会被撞痛(因为它们都以为还有玻璃罩),全都跳出了玻璃杯。

生活环境使跳蚤迷失了自我,它们不知道自己是善跳的跳蚤了。这是多么可怕的事实啊!玻璃罩已经罩在跳蚤的潜意识里,罩在了跳蚤的心灵上,行动的欲望和潜能被扼杀了。科学家把这种现象叫作"自我设限"。

人有些时候也是这样。很多人不敢追求成功,不是追求不到成功,而是因为他们心里面也默认了一个"高度",这个高度常常暗示自己:成功是不可能的,这是没有办法做到的。"心理高度"

是人无法取得伟大成就的根本原因之一。只有打破限制，我们才能有所超越。

潘多拉的盒子

> 希望是厄运忠实的姐妹。
>
> ——（俄国）普希金

古希腊神话故事是一个非常系统而庞大的体系，这里面不仅有对不同神的描写，还有对战争的描写、对人类的描写、对未来的描写。其中，有一则关于"希望"的故事特别吸引人，这便是"潘多拉的魔盒"的故事：

潘多拉是宙斯创造的第一个女人，主要是要报复人类。因为众神中的普罗米修斯过分关心人类，还为人类偷盗了天神的圣火，这惹火了宙斯，他决定惩罚人类和普罗米修斯。他将普罗米西斯抓起来，让老鹰每天啄食他的肝。但由于人类没有犯什么错，宙斯只能另想办法。宙斯首先命令火神黑菲斯塔斯，使用水土合成搅混，依女神的形象做出一个可爱的女人；再命令爱与美女神阿芙罗黛堤在她身上淋上令男人疯狂的激素；女神雅典娜教女人织布，做出五颜六色的美丽衣服，使女人看来更加鲜艳迷人；完成所有手续后，宙斯派遣使神汉密斯说："放入你狡诈、欺骗、耍赖、偷窃的个性吧！"

一个完完全全的女人终于完成了。众神替她穿戴衣服，使其娇美如新娘。汉密斯出主意说："叫这个女人潘多拉吧,是诸神送给人类的礼物。"众神都赞同他的建议。古希腊语中,潘是"所有"的意思,多拉则是"礼物"的意思。

宙斯在争夺神界时,曾得到普罗米修斯及其弟伊皮米修斯的帮助,最终登上了众神之王的宝座。普罗米修斯的名字即"深谋远虑"的意思;而其弟伊皮米修斯的意思为"后悔",所以两兄弟的作风就跟其名字一样,有着"深谋远虑"及"后悔"的特性。潘多拉被创造之后,就在宙斯的安排下,送给了伊皮米修斯。因为他知道普罗米修斯不会接受他送的礼物,所以一开始就送给了伊皮米修斯。而伊皮米修斯也接受了她,在举行婚礼时,宙斯命令众神各将一份礼物放在一个盒子里,送给潘多拉当礼物。而众神的礼物是好是坏就不得而知了。

普罗米修斯警告伊皮米修斯,千万不要接受宙斯的礼物。而伊皮米修斯就跟其名字一般,娶了潘多拉之后没多久,就开始后悔了。因为潘多拉最大的缺点就是好奇心了。从结婚以后,她就不断地想打开众神送的小盒子,而伊皮米修斯却要时时刻刻提防她的好奇心,因为他知道盒子里的礼物未必都是好的。

有一天,潘多拉的好奇心战胜了一切。她等伊皮米修斯出门后,就打开了盒子,结果一团烟冲了出来,将一切礼物全都释放,这里面包含了幸福、瘟疫、忧伤、友情、灾祸、爱情,等等。在潘多拉打开箱子以前,人类没有任何灾祸,生活宁静,

那是因为所有的病毒恶疾都被关在箱中，人类才能免受折磨。潘多拉害怕极了，慌乱中，潘多拉及时地盖住大箱子，但一切都已经太迟，盒子内只剩下了"希望"。

因此，即使人类不断地受苦、被生活折磨，但是心中总是留有可贵的希望。在死亡以前，希望永远存在，人生也一直充满了美好的希望。至今，它一直是人类生活动力的来源，因为它带给人类无穷的"希望"，不管遭遇何种困境，它是人类一切不幸中唯一的安慰。

人的存在就等同于个人利益

利益支配着我们在道德上和认识上的一切判断。

——（法国）爱尔维修

人生在世为了什么？有人说为了钱，因为钱能使我们过得更好；有人说是为了权，因为权能使我们活得更体面；有人说是为了情，因为情能使我们过得很惬意；有人说是因为利，因为利益才是生活的本质。功利主义是以功利作为道德标准的伦理学说，边沁是功利主义的著名代表人物。人的本性就是追求个人利益是边沁的基本观点。

每个人都是赤裸裸地来到这个世界上，所以他必须占有才能生存。当所有人都想占有，但资源却是有限的时候，对于利益的争夺便不可避免。因此功利主义思想古已有之。古希腊哲学家伊壁鸠鲁就提出过人生的目的在于摆脱痛苦和寻求快乐，求乐避苦是人的本性，是人的最大利益。

在功利主义者边沁看来，"善"就是最大地增加了幸福的总量，并且引起了最少的痛楚；"恶"则反之。而这种快乐和痛楚，边沁将它们同时定义为在肉体上和精神上的。边沁认为，自然将人置于乐和苦两大主宰之下，由此决定我们应当做什么，将会做什么。基于此，他以功利原则的价值判断为基石，认为快乐就是好的，痛苦就是坏的，因为人的行为都是趋利避害的。

利益与生存有关，但生存并不等于生活。人活在世上，生存是第一位的，是前提，但不是人生的全部。生存的意义只在于是一种必需，是存在于物质世界的一种必需，是一种现实性的概念。而生活则在于感受和领悟生命的极乐、生命的狂喜。因此，在人类世界中，生存是手段，生活才是目的。因

此，利益也不是人生的全部。

功利主义的目的在于追求一种可以简单计算的最大的"幸福"，在这个原则下对于个人利益的追求便以简单的是否对我有用、有多少用来衡量。当生存与生活发生错位时，功利的头脑就会成为目的，所有的行为都会受着功利主义的左右，那就等于是仆人在充当主人的角色。一个人如果越是追求实利，他就越得不到满足，因为总有比他现在得到的更大的利益。功利主义者追求最简单化的幸福，但实际上他们连一丝幸福都感受不到。

人天生是政治动物

> 人类在本性上也正是一个政治动物。
> ——（古希腊）亚里士多德

亚里士多德在《政治学》第一卷中，他关于人的定义中有这样一句名言："人类在本性上也正是一个政治动物。"他的原意是，人对城邦有一定的趋向性。也就是说，人按其本性必须结合成共同体才能生存，国家或城邦就是由此而来的。

人不可能单独存在，人首先是生活在一个家庭之中，家庭就成为人类满足日常生活需要而建立的社会基本形式。人总是处在一定的家庭、部族、国家当中，个人与国家的关系就像人的身体一样，不可分。只有个人作为国家的一部分，才能发挥

能力、实现自己,脱离社会和国家的人就不能称为真正意义上的人。

由于社会公共资源稀缺性的特征,也由于人类本性等方面的原因,社会公共资源的分配中始终存在着矛盾和冲突。这是人类政治生活固有的困境之所在。如何解决人类政治生活中的矛盾和冲突,如何使所有的人在社会生活中都能够各得其所、相得益彰,就成了人类美好政治生活的根本要义。

亚里士多德的老师柏拉图曾经描述过一个理想国的存在:

《理想国》是西方政治思想传统中最具代表性的作品,通过苏格拉底与他人的对话,给后人展现了一个完美优越的城邦。

柏拉图认为社会起源于经济需要,一个人与另一些人合作的目的是获得更多更好的生活必需品。相互帮助和合作的人聚集而居,"并把聚集的居所称为城邦"。社会的首要原则是分工原则,每个人按照自己的自然禀赋从事一门职业劳动。这样,社会劳动的技能和产品数量才能优于社会分工之前的情况。最初的职业是农夫、鞋匠、木匠、铁匠等满足日常生活需要的职业,后来又出现了适应奢侈生活需要的职业:乐师、诗人、护士,等等。

柏拉图把国家分为三个阶层:受过严格哲学教育的统治阶层、保卫国家的武士阶层和平民阶层。他鄙视个人幸福,无限地强调城邦整体、强调他一己以为的"正义"。在柏拉图眼中,第三阶层的平民是低下的,可以欺骗的。他赋予了统治者无上的权力,甚至统治者"为了国家利益可以用撒谎来对付敌人或者公民"。有趣的是,他认为最适合当王的正是哲学家,因此也被称为哲学家王。

柏拉图甚至规定了理想国的人数,即一个城邦的公民人数应为5040,分为59个部落,因为这样的统治最为有效。

人天生是政治的动物是从人的本性和自然需求来的。人出生后,由于个人力量的弱小无法满足自己生存的需要,因而要借助家庭;长大后,由于自己无法完成所有的生产,需要和他人交换,因而要借助社会。为了保证自己的安全和维护自己的利益,人们需要借助政治。

人是无法选择自己的

> 人生在世，只不过是过路的旅客。
>
> ——（意大利）托马斯·阿奎那

托马斯·阿奎那认为"人生在世，只不过是过路的旅客"，这是一个有些悲观的说法。然而这与阿奎那本人的思想体系有很大的关系，托马斯·阿奎那将基督教的神学思想和亚里士多德的哲学融合在一起，建立起了庞大的经院哲学体系。

托马斯从"灵魂不死"的观点出发，大力宣扬"来世幸福"。"人生在世，不过是过路的旅客"，自然的道德生活可以使人得到尘世的幸福，但这种幸福是暂时的、虚幻的，只有神性的德性生活，才能使人换得永恒的、真正的幸福，即来世的天国幸福。在他看来，幸福不是美德本身，而是美德的最终报酬，它在本质上是对人类本性能力以外的上帝抱有无限的希望。尘世生活的幸福也并非最高幸福，最高幸福是对上帝的静观，从而使灵魂得救。这只有在来世、在彼岸世界才能做到，因而为争取现实生活的幸福而进行斗争就是恶和犯罪。

"人生在世，不过是过路的旅客。"确实，人是不可能永远活在世上的，无论你是超级富豪，还是一介平民，都逃脱不了人生之大限——死亡。所以，人生的意义就在这个旅行的过程中。托马斯让我们把幸福寄托于来世和上帝，把追求尘世幸福的行为和想法看成是邪恶的，其实是让我们否定现在，活在一种期待中。

殊不知，人生的旅行并没有什么终极的目的地，耽误了路边的风景本身就是浪费生命。

生命是一种过程。生命本身其实是没有任何意义的，只是你自己赋予了你的生命一种你希望实现的意义，因此享受生命的过程就是一种意义所在。

事情的结果尽管重要，但是做事情的过程更加重要，因为结果好了我们会更加快乐，但过程使我们的生命充实。人的生命最后的结果一定是死亡，我们不能因此说我们的生命没有意义。每个人都无法主宰自己的生死，但每个人都可以活出自己的价值。

人是尚未定型的动物

人是试验品。

——（德国）尼采

关于人是什么的问题在近代哲学家那里有了更深入的思考，哲学家们摆脱了对人本性的机械性探讨，转而采用对生命本身的赞扬来宣扬人生的意义。人是什么的问题被转化为了怎样生活才是人的问题。

尼采是德国著名的哲学家，同时由于其思想的深刻性和敏锐性而著称于世。尼采认为生命力其实就是权力意志，"世界除了权力意志外，什么都不是；同样，你本人除了权力意志之外，什么也不是。"由于生命的本质是权力意志,因此生命必须不断超越自身,求得更强大的生命实现。

"生命自己曾向我说出这秘密。'看罢',它说,'我是必得常常超越自己的。'"价值作为强力的产物,不灭的、长存的善与恶是不存在的,"依着它们的本性,善与恶必得常常超越自己"。所以,尼采认为,每一个人都应该在自己的估价里,"长出一个较强的强力,一个新的自我超越"。

尼采的生日恰好是当时的普鲁士国王腓特烈·威廉四世的生辰。由于尼采的父亲曾执教过四位公主,于是他获得恩准以国王的名字为儿子命名。

尼采回忆道:"无论如何,我选在这一天出生,有一个很大的好处,在整个童年时期,我的生日就是举国欢庆的日子。"尼采学话很慢,他老是用严肃的目光注视着一切,老牧师非常喜欢他,经常带着他一起散步。尼采5岁时,父亲不幸坠车震伤,患脑软化症,不久就去世了。

由于父亲过早去世,他被家中信教的女人们团团围住,她们把他娇惯得脆弱而敏感。他很少玩耍,也不愿意接近陌生人。

他讨厌那些已经让人厌倦的旧道德,因而他的笔触总是充满了攻击性。他的作品刚出版的时候就受到道学家们的猛烈攻击,尼采也曾经在这种攻击中沉迷过,他一度真的疯掉,甚至还想过自杀。

但尼采并不认为自己的生命已经定型，个体生命的意义仍然如权力意志一样在尼采的内心生长。尼采认为，个体生命的自我超越之所以必要和可能，是因为人的本性是"尚未定型的"。正由于人是尚未定型的动物，他没有一成不变的既定本质，所以，他可以改变自己、塑造自己、超越自己和创造自己。

对于人的这种尚未定型的特性，尼采进行了大量的论述。他说："我们人类是唯一的这样的创造物，当其有错误时，能将自己删改，如同删掉一句错误的句子。'人应当看到自己的力量是可大可小的，他的能力如在良好环境下也许可以发展到最高。'"

人是什么？尼采的回答是："人是尚未定型的动物。"尚未定型，意味着人的不完善，同时人正是借此而同其他动物区别开

来，并且战胜其他动物的。其他动物在物种上都已固定，没有发展的自由了。人却不然，他没有一成不变的既定本质，他可以改变、塑造自己，创造自己的本质。

正如尼采所说，人要为自己的生命提供一种意义，这意义超过了生命本身的意义，我们尚未定型，我们的未来掌握在自己手里。把握自己才能把握未来。

第五章
缔造幸福的人生

幸福不是得到的多,而是计较的少

> 所有人生的现象本来是欣喜的,只有妨碍幸福的原因存在时,生命方始失去他本有的活泼的韵节。人生种种苦痛的原因,是人为的,不是天然的;是可移去的,不是生根的。只要能有相当的满足与调和,人生便会快乐。
>
> ——(英国)罗素

人之所以不快乐,是因为人有这样或那样的诸多需求,无论是物质上还是精神上的,这种种需要让人不得不受制于自然或社会的种种存在条件。当然,人毕竟只是人,我们的生活依然需要种种条件来维持。罗素认为,人应当尽量减少自己的需求,幸福不是得到的多,而是我们计较的少。

生活的差别无处不在,于是人们在差别中情不自禁地产生了攀比的心理,而盲目攀比却让人们习惯性地将自己所做的贡献和所得的报酬与别人进行比较。如果这两者之间的比值大致相等,那么彼此就会产生公平感;如果某一方的所得大于另一方,那么另一方就会产生心理失衡。

很多人总希望自己拥有得再多一些,从来没有满足的时候。

一个永不知足的人是无法感受到生活的乐趣的,只有对现有的一切感到满足的人,才会活得洒脱,快乐、幸福也在其中。《伊索寓言》里讲述了这样一个故事:

有一个人想得到一块土地,地主就对他说,清早,你从这里往外跑,跑一段就插面小旗,只要你在太阳落山前赶回来,插上小旗的地都归你。那人就不要命地跑,太阳偏西了还不知足。太阳落山前,他虽然跑了回来,但已精疲力竭,摔了个跟头便再也没爬起来。于是,有人挖了个坑,就地埋了他。牧师在给这个人做祈祷的时候说:"一个人要多少土地呢?就这么大。"

即使你拥有整个世界,但你一天也只能吃三餐。这是人生思悟后的一种清醒,谁真正懂得它的含义,谁就能活得轻松、过得自在。

人,饥而欲食,渴而欲饮,寒而欲衣,劳而欲息。幸福与人的基本生存需要是不可分离的。人们在现实中感受或意识到的幸福,通常表现为自身需要的满足状态。人的生存和发展的需要得到了满足,便会产生内在的幸福感。幸福感是一种心满意足的状态,根植于人的需求对象的土壤里。

幸福就好吗

在痛苦与虚无之间,我选择痛苦。

——(美国)威廉·福克纳

不管是痛苦、快乐、疾病、健康还是绝望、挣扎、平静、幸福,都是人的一种成长。人生是一个过程,是一个认识自己找到自己的过程,是一个追寻希望和目标的过程,是一个不断奋斗前进的过程,也必定是体验生命中种种欢娱与种种磨难的过程。如果人生中没了苦难,那是否会尝到辛酸后的甜蜜呢?

曾经有人做了这样一个选择题:假设有这样一架万能机器,不论你想要什么样的生命体验,它都能提供给你。如果你想写一本小说,机器的电极就放到你的大脑里,随着电流的输送,你就会得到创作的快感,犹如身临其境。如果你想游泳,电极就会给你输送犹如大海般的流动性,你闭上眼睛就能体会到在水里的感受。你愿意终身接通这架机器,事先计划好自己的生命体验吗?多数人会选择不与之相连。

　人生不只是体会其中的快乐。人的生命是有限的,每一个人都有一种扩大自己人生体验的欲望,使自己有限的生命活得更加丰富和精彩。在如今这个观念多元化的社会,体验自己所没有经历过的东西几乎已成为一种时尚,每个人都在自己的能力范围内选择自己的人生体验。追求幸福是一种天性,谁也不会主动去追求苦难,甘当苦行僧。体验幸福无疑是一种美妙的感受,而体验苦难也何尝不是一种人生的丰富?苦难的精神价值,也是一种心理上的财富,足可以使人应付再一次到来的苦难。

　苦难是人生的常态,谁都有面对绝境的时候,谁都会碰上没有舟的渡口和没有桥的河岸。每个人在人生旅途上,都要受到命运之神的捉弄。人生好比一次远航,由此岸到彼岸,难免有逆境,这是人生中必经的一种生命体验。

一切不幸都只是过程

> 幸福就是身体无痛苦,灵魂无纷扰。
>
> ——(古希腊)伊壁鸠鲁

人生就像天气一样变幻莫测,有晴有雨,有风有雾,不管是谁的人生,都不可能一帆风顺。等人老了的时候,回过头看看自己走过的路,许多辛酸的泪水,许多欢乐的笑声,当一切成为过去,曾经的痛,曾经的快乐,都成了过眼云烟。既然一切都会过去的,那么对于眼前的不幸,又何必过于执着呢?

佛印正坐在船上与东坡把酒话禅,突然听到喊叫声:"有人落水了!"

佛印马上跳入水中,把人救上岸来。被救的原来是一位少妇。

佛印问:"你年纪轻轻,为什么寻短见呢?"

"我刚结婚三年,丈夫就抛弃了我,孩子也死了,你说我活着还有什么意思?"

佛印又问:"三年前你是怎么过的呢?"

少妇的眼睛一亮:"那时我无忧无虑,自由自在。"

"那时你有丈夫和孩子吗?"

"当然没有。"

"那你不过是被命运送回到了三年前。现在你又可以无忧无虑、自由自在了。"

少妇揉揉眼睛,恍如一梦。她想了想,向佛印道过谢便走了。

缘起缘灭,得到失去,好或不好,都是生命的常态,

然而这一切都将过去。所以,在顺境中,不可得意忘形;在逆境中,不要自暴自弃,以心灵的常态对待生命就可以了。

命运总是喜欢和人开玩笑,又何必太认真呢?赤条条地来,赤条条地去,把一切不幸都看成一种难得的体验。即使明天就是世界末日,也要为自己能在有生之年体验末日而感到幸福。

依赖成为生命的束缚

一个人的幸福主要还是造就于他自己的手,所以诗人说:"人人都可以成为自己的幸福的建筑师。"

——(英国)培根

人们一旦做了某种选择,不管该选择是好是坏,都好比走上了一条不归之路,惯性的力量会使这一选择不断自我强化,且不会轻易让你走出去。要想打破路径依赖,我们必须学会独立自主,

掌控自己的命运。

"路径依赖"理论是由1993年诺贝尔经济学奖的获得者诺斯提出的,它的特定含义是经济生活中有一种惯性,类似物理学中的惯性,事物一旦进入某种路径,就可能对这个路径产生依赖。

一个有关历史的细节,或许可以让我们看清路径依赖的力量。这个细节,就是屁股决定铁轨的宽度。

欧洲铁路两条铁轨之间的标准距离是四英尺又八点五英寸,这个标准是从哪里来的呢?早期的铁路是由建电车的人所设计的,四英尺又八点五英寸正是电车所用的轮距标准。那么,电车的标准又是从哪里来的呢?最先造电车的人以前是造马车的,所

以电车的标准是沿用马车的轮距标准。马车又为什么要用这个轮距标准呢？英国马路辙迹的宽度是四英尺又八点五英寸，所以，如果马车用其他轮距，它的轮子很快会在英国的老路上撞坏。这些辙迹又是从何而来的呢？从古罗马人那里来的。因为整个欧洲，包括英国的长途老路都是由罗马人为他的军队所铺设的，而四英尺又八点五英寸正是罗马战车的宽度，任何其他轮宽的战车在这些路上行驶的话，轮子的寿命都不会很长。罗马人为什么以四英尺又八点五英寸为战车的轮距宽度呢？原因很简单，这是牵引一辆战车的两匹马屁股的宽度。

故事到此还没有结束。美国航天飞机燃料箱的两旁有两个火箭推进器，因为这些推进器造好之后要用火车运送，路上又要通过一些隧道，而这些隧道的宽度只比火车轨道宽一点，因此火箭助推器的宽度是由铁轨的宽度所决定的。所以，最后的结论是：路径依赖导致了美国航天飞机火箭助推器的宽度竟然在两千年前便由两匹马屁股的宽度决定了。

这才是真正的历史厚度。对个人而言，我们只有依靠自己才能打破路径依赖，获得自由，"你的命运藏在你自己的胸里"。遗憾的是，很多人一旦有了拐杖，他们就不想自己走路；一旦有了依赖，他们就不想独立了。可是一个人不学会独立，又怎能在激烈的社会竞争中立足呢？

陶行知告诉我们："淌自己的汗，吃自己的饭，自己的事自己干。靠天靠地靠祖宗，不算是好汉。"

必须打破路径依赖，不要总是踩着别人的脚印走，不要总是听凭他人摆布，而要勇敢地驾驭自己的命运，调控自己的情感，做自己的主宰，做命运的主人。善于驾驭自我命运的人，是最幸福的人。只有摆脱了依赖，抛弃了拐杖，具有自信，能够自主的人，才能在博弈中取得胜利，自立自强是步入社会的第一步，是打开成功之门的金钥匙。

拥有越多反而越不幸

谁不知足，谁就不会幸福，即便他是世界主宰也不例外。

——（古希腊）伊壁鸠鲁

一个农民独自在原始森林中劳动和生活。农民收获了5袋谷物，这些谷物要使用一年。农民是一个善于精打细算的人，因而精心安排了5袋谷物的用处。第一袋谷物为维持生存所用。第二袋是在维持生存之外增强体力和精力的。此外，农民希望有些肉可吃，所以留第三袋谷物饲养鸡、鸭等家禽。农民爱喝酒，于是将第四袋谷物用于酿酒。对于第五袋谷物，农民觉得最好用它来养几只他喜欢的鹦鹉，这样可以解闷。显然，这5袋谷物的不同用途，其重要性是不同的。假如以数字来表示的话，将维持生存的那袋谷物的重要性可以确定为1，其余的依次确定为2，3，4，5。现在要问的问题是：如果一袋谷物遭受了损失，比如被小偷偷走了，那么农民将失去多少效用？

这是奥地利经济学家庞巴维克在1888年出版的《资本实证论》中为论述边际效用讲的一个故事。故事中的这位农民面前,合理的选择就是用剩下的4袋谷物供应最迫切的4种需要,而放弃最不重要的需要。最不重要的需要,也就是经济学上所说的边际效用最低的部分。庞巴维克发现,边际效用量取决于需要和供应之间的关系。要求满足的需要越多和越强烈,可以满足这些需要的物品量越少,那么得不到满足的需要就越重要,因而物品的边际效用就越高;反之,边际效用和价值就越低。经济学家认为,人之所以执着地追求幸福,就是因为幸福能给人带来效用,即生理上和精神上的满足。

农民拥有的5袋谷物,就好像是幸福能为我们带来的不同层级的效用——有健康，有美食，也有精神的享受。我们追求幸福其实就是为了追求需求的满足，幸福效用的实现。不过，幸福终究逃不脱边际效用递减的厄运，好不容易实现的幸福很快就会让你不满足，因此追求幸福的道路注定永远没有尽头。

曾经有一个笑话说，仙女答应一个凡人会给他实现一个愿望，不过只能是一个。凡人思虑良久说，好吧，我的愿望是：让我拥有无数次许愿的机会。可惜人生没有实现无数个愿望的机会。

在规则的容器中做水

> 人们总为自己当前的处境而责怪环境。我不相信环境。能在这世界出人头地的，都是那些能够奋起，并寻找自己所要的环境的人，并且，他们若是找不着它，就自己来开创。
>
> ——（爱尔兰）萧伯纳

人生有两种情境，一逆境一顺境。在逆境中，困难和压力逼迫身心，这时应懂得一个"屈"字，委曲求全，保存实力，以等待转机；在顺境中，幸运和环境皆有利于我，这时当不忘一个"伸"字，乘风万里，扶摇直上，以顺势应时，更上一层楼。

做人，应该刚柔并济。人太刚强，遇事就会不顾后果，迎难而上，这样的人容易遭受挫折，人生苦短，能忍受多少挫折？人太柔弱，遇事就会优柔寡断，坐失良机，这样的人很难成就大事，一味软弱,终究是扶不起的阿斗。做人就要刚柔并济,能刚能柔,能屈能伸,当刚则刚,当柔则柔,屈伸有度。能屈能伸是一个人的胸襟问题,若是达到了屈伸自如的境地,那世界上就再也没有困难和挫折、厄运和耻辱了。

有一个人在社会上总是不得志,异常苦恼。有一天,他碰到一位禅师,向他倾吐了自己的伤心事。

大师沉思了一会儿,默然舀起一瓢水,说:"这水是什么形状?"

这人摇头:"水哪有形状呢?"

大师不答,只是把水倒入一只杯子。这人恍然,道:"我知道了,水的形状像杯子。"

大师无语,轻轻地拿起花瓶,把水倒入其中。这人又道:"哦,难道说这水的形状像花瓶?"

大师摇头,轻轻提起花瓶,把水倒入一个盛满花土的盆中。水很快就渗入土中,消失不见了。

这人陷入了沉思。这时,大师俯身抓起一把泥土,叹道:"看,水就这么消逝了,这就是人的一生。"

那个人沉思良久,忽然站起来,高兴地说:"我知道了,您是想通过水告诉我,社会就像一个个有规则的容器,人应该像水一样,在什么容器之中就像什么形状。而且,人还极可能在一个规则的容器中消失,就像水一样,消失得迅速、突然,而且一切都无法改变。"

"是这样,"大师微笑,接着说,"又不是这样!"说毕,大师出门,这人随后。

在屋檐下,大师俯下身,用手在青石板的台阶上摸了一会儿,然后顿住。这人把手指伸向大师手指所触之地,那里有一个深深的凹处。

大师说:"下雨天,雨水就会从屋檐落下。你看,这个凹处就是雨水落下的结果。"

此人于是大悟:"我明白了,人可能被装入规则的容器,但又可以像这小小的雨滴,改变这坚硬的青石板,直到容器破坏。"

大师点头:"对,这个窝会变成一个洞。"

人生当如水,无常形常式,却包容万物,无往不利。把社会和社会中的规则当成一个容器,而自己要像水一样,善于调整自己的形状,发挥自己的力量。人生当进退自如,能屈能伸。伸于当伸之时,是一种人生的智慧;屈于当屈之时,更是一种人生的大智慧。屈不是让人不思进取,颓丧沉沦;屈是为了保存力量,是为了寻找更好的策略和道路，以求更大的伸展。只有能屈能伸的人生，才是圆满而丰富的。

做人就要学会做水一样的人，来适应这个社会。真正的勇士是懂得并且善于利用进退规则的，因为无论选择进退都需要大无畏的精神，有时候"退"更加需要决心和勇气。你可以和一些人在一起工作，也可以一个人工作；你可能被人捧到天上，也要学会忍受别人的责骂。

每个人在有些时间就需要迅速改变自己的观念以适应环境的变化，最重要的是需要我们有聪慧的头脑和灵动的眼睛，做一个生活中有心的人。社会环境的变化，虽然对一个人的命运有直接影响，但是，在任何一个环境当中，都有可供发展的机遇。只要紧紧地抓住这些机遇，好好利用这些机遇，另外还需要有一种机灵，就是随环境的变化来调整自己的观念，也只有这样才有可能站稳脚跟，为自己在社会竞争的舞台上开拓一片天地。

幸福，就在你转身后光临

以爱情开始而以理想结束的一生是幸福的。

——（法国）帕斯卡

什么是幸福？法国小说家方登纳在《幸福论》中这样定义道："幸福是人们希望永久不变的一种境界。"也就是说，如果我们的肉体与精神所处的一种境界能使我们想，"我愿一切都如此永

存下去",或浮士德对"瞬间"所说的,"哟!留着吧,你,你是如此美妙",那么我们无疑是幸福的。

在生活中每个女人对幸福的诠释各有不同,许多时候,她们往往对自己的幸福熟视无睹,而觉得别人的幸福很耀眼。

然而,尽管她们没有感觉到自己的幸福,但幸福确实实实在在地存在着。有时候真实的幸福恰恰不是先求而后得,而是在困境之中与之邂逅的。一个女人一直抱怨没有鞋穿,见到没有脚的人之后,她因自己的健全而体味到了幸福。

一个失恋者被痛苦折磨得死去活来,她恨命运不济,让自己变为孤独而又畸形的人,但当她见到一个失去双臂的人用脚写字、缝衣服的时候,突然觉悟到失去一位心上人比起丢失双臂来实在微不足道,虽失去了一段感情,终究还能重新振作起精神,饱尝青春之甘美、沐浴生命之恩泽。她从振作精神中体味到了幸福。

女人最难能可贵的是明白自己追求的是什么、付出的是什么,从而正确地做出自己的选择,快乐地享受自己的幸福。

从前,有一个公主总觉得自己不幸福,就向别人请教如何能够让自己变得幸福。别人告诉她找到一个感觉幸福的人,然后将他的衬衫带回来。公主听后派自己的手下四处寻找自认幸福的人。手下碰到人就问:"你幸福吗?"听到的回答总是:"不幸福,我没钱;不幸福,我没亲人;不幸福,我得不到爱情……"就在她们不再抱任何希望时,从对面被阳光照着的山冈上传来了悠扬的歌声,歌声中充满了快乐。她们循着歌声走了过去,只见一个人躺在山坡上,沐浴在金色的暖阳下。

"你感到幸福吗?"公主的手下问。

"是的,我感到很幸福。"那个人回答说。

"你的所有愿望都能实现,你从不为明天发愁吗?"

"是的。你看,阳光温暖极了,风儿和煦极了,我肚子又不饿,口又不渴,天是这么蓝,地是这么广阔,我躺在这里,除了你们,没有人来打搅我,我有什么不幸福的呢?"

"你真是个幸福的人。请将你的衬衫送给我们的国王,公主会重赏你的。"

"衬衫是什么东西?我从来没见过。"

幸福是一种心态,一种自我感受,就像上面故事中的那个躺在山坡上的人,他连衬衫都没见过,可以说在物质上很贫困,可

是他依然感到很幸福。

在现实生活中，有钱人物质生活优越这是不争的事实，但是有钱人不一定幸福，更重要的是就算有幸福存在他也可能感受不到。放弃自己的追求，跟随别人的足迹，就会偏离自己人生的轨道。我们可以追求金钱，但是幸福生活的标准并不是由那些富人们定的。钱本身并没有错，错的是我们的态度。也许我们终生都不能够大富大贵，但这并不意味着我们在自己平凡的生活中找不到幸福，找不到健康的身体、充满活力的心、相亲相爱的家人和志同道合的朋友。

幸福有标准吗

没有一个人是幸福的，除非他相信自己是幸福的。

——（古罗马）普布利留斯

古希腊人对人生的理解，主要采取幸福论的看法。事实上，追求幸福在任何时代都是每一个人所盼望的，但是当我们在讨论什么是幸福的时候，必须考虑两种现象。首先，不同的人会以不同的东西为幸福，有些人追求金钱、权力、地位，但也有些人追求荣誉、友谊、爱情。其次，就算是同一个人，在不同的情况下也会对幸福的看法产生差异。譬如，你今天生病了，就会认为拥有健康是最幸福的事，但病好了之后，恐怕就会忘了健康是最幸福的，反而认为其他东西最重要。由此看来，当我们讨论人生目的的时候,不能只模糊回答说"追求幸福",还要进一步去讨论:什么是幸福?

古希腊哲学家亚里士多德为幸福定出了两项标准:积极的活动和免于灾祸。所谓积极的活动,是指在追求幸福的道路上,要积极地努力实践自身的本质,将潜能充分发挥。所谓免于灾祸,就是在躲避灾祸的同时不要接受自己不喜欢的东西,浪费自己的时间和精力,还影响心情,带来痛苦。

人要如何积极地活动呢?亚里士多德先将人与动物的活动加以区别,在人的活动中,凡是与动物相同的活动,都与人的幸福无关。因此,凡属于生长、繁殖或感觉的活动,都与人的幸福无关,都不是会带来幸福的活动;只有人所特有的活动才有带来幸福的可能。幸福必须要免于灾祸,否则只要带来任何痛苦,都不配称为幸福。

这点在亚里士多德的前辈、古希腊哲学家赫拉克利特身上体现得非常明显。

赫拉克利特是一位富传奇色彩的哲学家,他出生在伊奥尼亚地区的爱菲斯城邦的王族家庭里。他本来应该继承王位,但是他觉得自己不适合做皇帝,并且自己也不喜欢做皇帝的感觉,于是便将王位让给了他的兄弟,自己跑到女神阿尔迪美斯庙附近隐居起来,研究他心爱的自然和哲学。

据说,当时显赫于世的波斯国王大流士曾经写信邀请赫拉克利特去波斯宫廷教授希腊文化,但被他傲慢地拒绝了。他说:"世

人都活着，但是对真理与正义却是陌生的。由于可恶的愚昧，他们保持着无节制的和虚妄的意见。而我，由于已遗忘了一切罪恶，遗弃了跟随我的无度的嫉妒和身居高位的傲慢，我将不去波斯，我将满足我的卑微并保持我一贯的意志。"

他整天和小孩玩色子。他对围观的人说："你们这般无赖，有什么值得大惊小怪的！难道这不比你们参加的政治活动更好吗？"

同时，赫拉克利特显然是一个有严重精神洁癖的人。他虽然摒弃了贵族的地位和生活，骨子里却是一个贵族主义者。不过，他心目中的贵族完全是精神意义上的。在他看来，区分人高贵还是卑贱的唯一界限是精神,是精神上的优秀或平庸。他明确宣布,一个优秀的人抵得上一万人。他还明确宣布,多数人是坏的,只有极少数人是好的。他所说的优劣好坏仅指灵魂,与身份无关。"最美丽的猴子与人相比也是丑陋的。"这句话的意思是:那些没有灵魂的家伙,不管在社会上多么风光,仍是一副丑相。赫拉克利特希望从精神的崇高中获得幸福。

这样看来,赫拉克利特是符合亚里士多德幸福标准的人,他放弃了自己不喜欢的王位,避免了不必要的灾祸;同时又专注于精神的研究,积极地生活,希望从中获得幸福。在上述两项标准之下,到底什么活动是人所特有的,借着其积极性,可以使人免于灾祸、获得幸福?亚里士多德认为那就是理性活动。所谓理性或明智,就是亚里士多德智慧之学的工具,借由理性,不但可看出人类所应实现的自我本质,更可察觉祸福之所系。

幸福由心各自知

> 幸福越与人共享,价值越大。
>
> ——(日本)森村诚一

一位哲人曾说:"当鞋合脚时,脚便被忘却了。"人之所以痛苦,根源在于人在心灵上难以满足,对生命有太多的不满和抱怨,唯独少了一份感激,快乐也因此与他们无缘。如果我们还活着,如果我们还不是特别穷困潦倒，如果我们还有健全的四肢，那么，我们有什么理由不对生命充满感激呢？

杰米·杜兰特是20世纪的伟大艺人之一。他曾被邀做一次慰问第二次世界大战退伍军人的演讲，但他告诉邀请单位自己行程很紧，连几分钟也抽不出来，不过假如让他做一段独白，然后马上离开赶赴另一场演讲的话，他愿意参加。安排演讲的负责人欣然同意。

做完了独白，他却没有立刻离开，掌声愈来愈响。他连续演讲了15分钟、20分钟、30分钟，最后，终于鞠躬下台。后台的人拦住他问道："我以为你只讲几分钟哩！怎么回事？"杰米回答："我本打算离开，但我可以让你明白我为何留下，你自己看看第一排的观众便会明白。"

原来，第一排坐着两个士兵，两人均在战争中失去一只手，一个人失去左手，另一个则失去右手。他们正在一齐鼓掌，而且拍得又开心，又响亮。

在失去了手的士兵身上，体现了一种对自己的热爱以及对生命的珍惜，这都来自于他们对生命的感激。当一个人能从心底对自己的生命充满感激意识时，他一定是快乐的、魅力四射的。

第欧根尼的木桶：居于木桶也幸福

通往幸福最错误的途径莫过于，名利、宴乐与奢华生活。
——（德国）叔本华

世界上没有复杂的事情，只有复杂的心灵和黑洞般没有边际不知深浅的欲望。这就像一棵树，细看来是许多的枝，再看是无数的叶，再看，是数不清的细胞。其实，它只是一棵树，一棵树而已。

一些人的一生就是为欲望所左右，浪费在衣、食、住、行之类的琐事中，失去了原来的天性。古希腊哲学家第欧根尼反对人们无休止地追逐欲望，崇尚简单自然的生活。

第欧根尼在市场里放了一个大木桶，他晚上就睡在木桶里面。有人指责他生活在肮脏的环境中，他回答说："太阳也光顾臭水沟，却从未被玷污。"有一天，第欧根尼看到路人用手捧水喝，

于是他把水杯摔碎了。又有一天,他看到别人用面包片卷着菜吃,他就把饭碗扔了。第欧根尼抛弃了所有不必要的财产,只留下一根拐杖、一件破衣服和一个讨饭袋。

据说,第欧根尼"像狗一样"活到了80多岁。他的门徒在他的坟墓上立了一座狗的雕像,以纪念他自由的一生。对于第欧根尼来说,什么是有意义的生活?自然的生活,不为财富和欲望所累的生活。

第欧根尼用自己的实际行动向人们阐释了什么才是真正的生活。他无所欲求,饿了就吃、渴了就喝、累了就睡,不追求身外之物。他追求的是自然的生活,抛开那些造作虚伪的习俗,摆脱那些繁文缛节和奢侈享受，不被琐事束缚，从而获得了心灵的自由。

对一个纯粹的人来说，所需并不多。纵使良田万顷、广厦千间，一个人一辈子能享受的东西实在太少了。生活是否幸福又怎能由物质财富决定？对于物质财富，人们的欲望是无穷的、难以满足的。为了获得尽可能多的财富，有的人甚至不惜铤而走险。

简单，是平息外部无休无止的喧嚣、回归内在自我的唯一途径。外界生活的简朴将带给我们内心世界的丰富。自由自在地生活在人世间，为每一次日出、草木无声的生长而欣喜不已，不在生活的表面游荡不定，而是深入进去，聆听生活本质的呼唤，让生活变得更有意义。

感恩与幸福为邻

我的手还能活动；我的大脑还能思维；我有终生追求的理想；我有爱我和我爱着的亲人与朋友；对了，我还有一颗感恩的心……

——（英国）霍金

生命的整体是相互依存的，每一样事物都会依赖其他一些事物而存在。无论是父母的养育、师长的教诲、爱人的关爱、他人的服务……人自从有生命起，便沉浸在恩惠的海洋里。

如果一个人真正意识到这个道理，那么，他就会感恩大自然的福佑,感恩父母的养育,感恩社会的安定,感恩衣食饱暖,感恩花草鱼虫,感恩苦难逆境。因为真正促使自己成功的,不是顺境,而是那些常常可以置自己于困境的打击、挫折和对立面。

一个寺院的方丈曾立下一个奇怪的规矩:每到年底,寺里的和尚都要面对方丈说两个字。第一年年底,方丈问新和尚心里最想说什么,新和尚说:"床硬。"第二年年底,方丈又问新和尚心里最想说什么,新和尚说:"食劣。"第三年年底,新和尚还没等方丈提问,就说:"告辞。"方丈望着新和尚的背影,自言自语地说:"心中有魔,难成正果。"

"魔",就是新和尚心里没完没了的抱怨。像新和尚这样的人在现实生活中有很多,他们总是怨气冲天,牢骚满腹,总觉得别人欠他的、社会欠他的,从来感觉不到别人和社会为他的生活所做的一切。这种人心里只会产生抱怨,不会有所成就。

对生活常怀一颗感恩之心的人,即使遇上再大的灾难,也能熬过去。

"我的手还能活动;我的大脑还能思维;我有终生追求的理想;我有爱我和我爱着的亲人与朋友;对了,我还有一颗感恩的心……"

谁能想到这段豁达而美妙的文字,竟出自一位在轮椅上生活了30余年的高位瘫痪的残疾人——世界科学巨匠霍金。

命运之神对霍金,在常人看来是苛刻得不能再苛刻了:他口

不能说,腿不能站,身不能动。可他仍感到自己很富有:一根能活动的手指,一个能思考的大脑……这些都让他感到满足,并对生活充满了感恩之心。因而,他的人生是充实而快乐的。

与霍金相比,我们有的人什么也不缺,要手有手,要脚有脚,要金钱有金钱,可生活给了他一点磨难,他就开始怨天尤人了。这样的人没有感恩之心,快乐也就与他失之交臂了。

感恩是一种处世哲学,是生活中的大智慧。人生在世,不可能一帆风顺,种种失败、无奈都需要我们勇敢地面对、旷达地处理。当挫折、失败来临时,是一味地埋怨生活,从此变得消沉、萎靡不振;还是对生活满怀感恩,跌倒了再爬起来?

感恩之情是滋润生命的营养素,它使我们的生活充满芳香和阳光。一个不懂得感恩的人,即使家财万贯,他仍是个贫穷的人;懂得感恩,才是天底下最富有的人。

幸福就是换一个角度

生活就是一面镜子,你笑,它也笑;你哭,它也哭。

——(法国)萨克雷

生活不会亏待我们,我们要自己去创造属于我们自己的天堂,只有这样才能拥有真正的幸福与快乐。

有这样一个童话:

一天,小狗问妈妈说:"妈妈,幸福在哪里?"

狗妈妈回答说:"幸福在你的尾巴上!"

于是，小狗为了寻找幸福就不停地追着尾巴跑。

可是怎么也找不到，小狗便又跑去问妈妈："妈妈，你说幸福在我尾巴上，可是为什么我找不到呢？"

狗妈妈回答说："幸福是不必刻意去追寻的，只要你不停往前走，幸福就会一直跟在你身后……"

幸福是小狗的尾巴，小狗追着自己的尾巴跑，却总是追不到。如果小狗昂起头来往前走，幸福的小尾巴将会牢牢地跟着小狗。

原来幸福是如此简单，为什么我们还要在原地徘徊呢？为什么还要躲在自己的世界里回忆那些已经远去了的人呢？拍拍手，我们要大胆地向前走，这样才会有一路的幸福。

乐观主义者和悲观主义者的区别在于，当你把杯子打翻只剩下半杯水的时候，后者会为失去半杯水懊恼不已，而前者会为剩下半杯水欢欣愉悦。现实生活中的很多事情都如那半杯的水，从不同的角度看会有不同的感受，而换个角度则往往能豁然开朗，收到意想不到的结果。《笑林广记》中有这样一则古代笑话：

两个秀才一同去赶考，刚上路就遇到出殡的队伍，黑漆漆的棺材擦身而过。

其中一个秀才大感晦气，顿生愁绪，闷闷不乐，结果没有考好，名落孙山。

另一个秀才却暗自高兴，觉得是个好兆头——棺材棺材，有

官有财。考试的时候,这个秀才精神爽快,文思泉涌,果然金榜题名。

回来后,两个秀才都说自己的预感很灵验。前一个说:"一碰上那秽物就知道不好了。"后一个则说:"果然是有官有财了。"

同样一件事情,不同的心态结论就不一样。其实,大多数人的生活都差不多,但各自的感受却不一样。有的人乐观,整日里喜笑颜开,心满意足;有的人悲观,成天愁眉苦脸,怨声载道。很多时候,悲观与乐观只是观察生活的角度不同,转换一下角度,便会活得更轻松一些。

第六章
接纳不完美的自己

没有遗憾的过去无法连接人生

人有悲欢离合,月有阴晴圆缺,此事古难全。

——苏 轼

世界并不完美,人生当有不足。留些遗憾,反倒使人清醒,催人奋进。人生确实有许多不完美之处,每个人都会有这样那样的缺憾,真正完美的人是不存在的。

即使是中国古代的四大美女,也有各自的不足之处。历史记载,西施的脚大,王昭君的双肩仄削,貂蝉的耳垂太小,杨贵妃还患有狐臭。道理虽然浅显,可当我们真正面对自己的缺陷、生活中不尽如人意之处时,却又总感到懊恼、烦躁。在《百喻经》中,有这样一则可笑而发人深省的故事:

有一位先生娶了一个体态婀娜、面貌娟秀的太太,两人恩恩爱爱,是人人称美的神仙美眷。这个太太眉清目秀,性情温和,美中不足的是长了个酒糟鼻子。柳眉、凤眼、樱桃小口,瓜子脸蛋上却长了个酒糟鼻子,好像失职的艺术家,对于一件原本足以称傲于世间的艺术精品少雕刻了几刀,因而显得非常突兀、怪异。

这位丈夫对于太太的鼻子始终耿耿于怀。一日外出经商,行经贩卖奴隶的市场,宽阔的广场上,四周人声沸腾,争相吆喝出价,抢购奴隶。广场中央站着一个身材单薄、瘦小清癯的女孩子,正以一双汪汪的泪眼怯生生地环顾着这群如狼似虎,将决定她一生命运的大男人。这位丈夫仔细端详女孩子的容貌,突然间,他被深深地吸引了。好极了!这个女孩子的脸上长着一个端端正正的鼻子,于是,他不计一切,买下了她!

这位丈夫以高价买下了长着端正鼻子的女孩子,兴高采烈地带着女孩子日夜兼程地赶回家,想给心爱的妻子一个惊喜。到了家中,把女孩子安顿好之后,他以刀子割下女孩子漂亮的鼻子,拿着血淋淋而温热的鼻子,大声疾呼:"太太!快出来哟!看我给你买回来的最宝贵的礼物!"

"什么样宝贵的礼物,让你如此大呼小叫的?"太太疑惑不解地应声走出来。"喏,你看!我为你买了个端正美丽的鼻子,

你戴上试试。"

丈夫说完，突然抽出怀中锋锐的利刃，一刀朝太太的酒糟鼻子砍去。霎时太太的鼻梁血流如注，酒糟鼻子掉落在地上，丈夫赶忙用双手把端正的鼻子嵌贴在伤口处。但是无论他怎样努力，那个漂亮的鼻子始终无法粘上。

可怜的妻子，既没得到丈夫辛苦买回来的端正而美丽的鼻子，又失掉了自己那虽然丑陋但是货真价实的酒糟鼻子，并且还受到无妄的刀刃创痛。而那位糊涂丈夫的愚昧无知，更是叫人可怜！

有些人以为自己是在追求完美，其实他们才是最可怜的人，因为他们是在追求不完美中的完美——根本不存在的完美。

完美主义的人表面上很自负，内心深处却很自卑。因为他们很少看到优点，总是关注缺点，总是不知足，很少肯定自己，于是就很少有机会获得信心，当然就自卑了。人生确实有许多不完美，但我们可以选择走出不完美的心境，而不是在"不完美"里哀叹，当然，也不意味着要一味地去追求所谓的完美。

优势变隐患

人在他生存的每一瞬间，都是在必然性掌握之中的被动工具。
——（法国）霍尔巴赫

日常生活中，很多人倚仗自己有一定的优势，总想与对方拼个你死我活。殊不知，很多时候，我们败就败在自己的优势上。

三个旅行者早上出门时，一个旅行者带了一把伞，另一个旅行者拿了一根拐杖，第三个旅行者什么也没有拿。

晚上归来，拿伞的旅行者被淋得浑身湿透，拿拐杖的旅行者跌得满身是伤，而第三个旅行者却安然无恙。于是，前两个旅行者很纳闷，问第三个旅行者："你怎么会没有事呢？"

第三个旅行者没有回答，而是问拿伞的旅行者："你为什么会淋湿而没有摔伤呢？"

拿伞的旅行者说："当大雨来到的时候，我因为有了伞，就大胆地在雨中走，却不知怎么被淋湿了。当我走在泥泞坎坷的路上时，我因为没有拐杖，所以走得非常小心，专拣平稳的地方走，所以没有摔伤。"

然后，第三个旅行者又问拿拐杖的旅行者："你为什么没有被淋湿而摔伤了呢？"

拿拐杖的旅行者说:"当大雨来临的时候,我因为没有带雨伞,便拣能躲雨的地方走,所以没有被淋湿。当我走在泥泞坎坷的路上时,我便用拐杖拄着走,却不知为什么常常跌跤。"

第三个旅行者听后笑笑说:"这就是为什么你们拿伞的被淋湿了,拿拐杖的跌伤了,而我却安然无恙。当大雨来时我躲着走,当路不好时我小心地走,所以我没有被淋湿也没有跌伤。你们的失误就在于你们凭借各自的优势,认为有了优势便少了忧患。"

优势有时使我们忘乎所以,从而失去理智。拥有自己的优势,是令人羡慕的。但优势不是绝对的,如果不能有效地经营自己的优势,认为凭借优势就可以高枕无忧,过分依赖自己的优势,优势也会转化为劣势,最后只能让你跌倒在自己的优势上。

人是正确的,世界就没错

不要把生命浪费在思考别人上。

——(古罗马)马可·奥勒留

现实世界的浸染常常会让人不自觉地从自己的观念、立场、阅历、利益出发去看待世界,无论是个人价值取向,还是地域观念,都会影响我们眼中所看到的世界。如果一个人戴着墨镜看世界,自然看不到明媚的阳光,长长的鸭舌帽帽檐也会遮蔽头顶广阔的天空。

习惯用自己的判断看待世界、解释世界,甚至改造世界,以至于忽略了这样的事实：世界本来无所谓对错，错的其实是人自己的观念和行为。所以，如果你的行为、观念、价值观是正确的，那么世界就是正确的，世界正确了，幸福指数就会大大增加；而如果一个人的不满、烦恼、怨恨太多，生活就将是一场充满冲突和暴力的噩梦。

一位哲学家在为一场讲座准备讲稿，但他的儿子约翰却在旁边一直吵闹不停。哲学家很生气，但又不想厉声责骂孩子，于是他随手从旁边拿起了一本杂志，将其中印着世界地图的一页撕碎，随意搅乱后丢在地上，对约翰说："如果你能在晚饭前把这幅地图拼好，我就给你五美元。"

约翰听闻立刻停止了吵闹，开始津津有味地拼起地图来，哲学家终于能够思考了。

父亲本以为这个艰巨的任务会让约翰安安静静地度过整个下午，但是没过多久，儿子就跑过来敲响了他的房门。打开门看到儿子捧在手里的完整的地图，哲学家非常诧异："约翰，你怎么会这么快就把地图拼好了呢？"

"爸爸，这非常容易啊！你不知道，这幅地图的背面是一个人的照片，拼人像可比拼地图简单多了，所以，我先拼好人的照片，再把纸翻了过来。因为我想如果这个人是正确的，那么这个世界也应该不会出错吧！"儿子回答说。

哲学家心中一动，他给了儿子五美元，并高兴地对他说："孩子，你让我脑海中有了一个更适合明天演讲的题目——如果一个人是正确的，那么他的世界就是正确的。"

一面的人像拼对了，那么另一面的世界地图就应该是正确的。如果把这个简单的变换角度的问题上升到人生观、世界观的高度，就可以这样认为：如果一个人是正确的，那么他的世界就是正确的。

对于约翰来说，地图很大，但人像却很小，把小小的人拼对了，广阔的世界也一定是对的；对于我们来说，世界很大，个人很渺小，改变世界很难，做好自己却相对容易，当我们一点一点地改造自己的同时，就会无限接近那个想象中的完美世界。

所谓的正确并不是要我们随时面对任何问题都能给出正确的答案，而是应该追求正确的思维方式，并采取正确的行动。实现这一点很重要的就是要改变以自我为中心的坏习惯，不要总是戴着"我认为"的有色眼镜看事情、看世界，任何一个拥有基本的哲学常识的人都应该知道：世界不以任何人的意志为转移。

不完美，又怎样

> 一个人感觉合脚的鞋却会夹痛另一个人的脚，适用于一切病症的生活处方并不存在。
>
> ——（瑞士）荣格

很多人对人生总是抱有一种力求完美的心态，凡事都要全力以赴，事事都不能落后于人，可是人生根本没有什么所谓"十全十美"的事情，你又何必把自己折腾得这么累？凡事尽力而为即可，无法改变的事情就不要过度在意，要懂得从内心善待自己，才能成为一个幸福快乐的人。

一个圆环被切掉了一块，圆环想使自己重新完整起来，于是就到处去寻找丢失的那块儿。可是由于它不完整，因此滚得很慢，它欣赏路边的花儿，它与虫儿聊天，它享受阳光。它发现了许多不同的小块儿，可没有一块适合它，于是它继续寻找着。

终于有一天，圆环找到了非常适合的小块，它高兴极了，将那小块装上，然后又滚了起来，它终于成为完美的圆环了。它能够滚得很快，以致无暇注意花儿或和虫儿聊天。当它发现飞快地滚动使得它的世界再也不像从前那样时，它停住了，把那一小块

又放回到路边,缓慢地向前滚去。

其实我们每个人都是一个不完整的圆,生命中有些东西原本是可以舍弃的,太完美的结局往往像那个完整的圆一样,会失去很多曾经拥有的快乐。人生就像一个人手中的弓,追求完美唯一的结果就是让这张弓毁于一旦。

哲学家伏尔泰曾言:"幸福,是上帝赐予那些心灵自由之人的人生大礼。"这句话足以点醒每一个追求幸福的人:要做幸福人,你首先要当自己思想、行为的主人。换言之,你只有做自己,当个完完全全的自己,你的幸福才会降临!这就是幸福的秘密。

没有一个人是完美无瑕的,难道有缺点和不足就注定要悲哀，要默默无闻，无法成就大事吗？其实缺憾也是一种美，如同断臂的维纳斯。只要你把"缺陷、不足"这块堵在心口上的石头放下来，别过分地去关注它，它也就不会成为你前进道路上的障碍。

缺憾：人生之中不可避免

尽力"成为某一个人"是没有用处的，你就是你现在这个人。
——（美国）马克斯维尔·马尔兹

每个人都应乐于接受自己，既接受自己的优点，也接受自己的缺点。但事实是，绝大部分人对自己都持有双重的看法，他们给自己画了两张截然不同的画像，一张是表现其优秀品质的，没有任何阴影；另一张全是缺点，画面阴暗沉重，令人窒息。

我们不能将这两幅画像隔离开来，片面地看待自己，而是需要将其放到一起综合考察，最后合二为一。我们在踌躇满志时，往往忽视自己内心的愧疚、仇恨和羞辱；在垂头丧气时，却又不敢相信自己拥有的优点和取得的成绩。其实我们每个人都是综合体，在我们身上都有批评家和勇士的某些性格特征。有时候我们希望支配他人、算计别人，快意于别人的痛苦，但其实我们有足够的能力使这些恶劣品性服从于我们人格中善良的一面。

纽约的一名精神病医生遇到过这样一个病人，他酒精中毒，已经治疗了两年。有一次，这个病人来看医生，要求进行心理治疗

病人告诉医生说,前两天他被解雇了。当心理治疗完毕后,病人说:"大夫,如果这件事发生在一年前,我是承受不住的。我想自己本来可以做得更好,避免这类事情的发生,但却未能做到,为此我会去酗酒。说实话,昨天晚上我还这么想呢。但现在我明白了,事情既然已经发生了,就该正视它,坦然地接受它。失败就像成功一样,是人生中难得的经历,它也是我们人生中不可避免的一部分。"

如果我们都能像这位病人一样,坦然接受生活的全部,那么我们就能够正确地看待各种不良的心境。沮丧、执拗,这些都只是暂时的现象,是人的多种情绪之一。

少许的性格缺点并不能说明我们就是不受欢迎的人。恩莫德·巴尔克曾说过,以少数几个不受欢迎的人为例来看待一个种族,这种以偏概全的做法是极其危险的。我们对自己、对别人具有攻击性、怀有仇恨,这些情感是人性的一部分,我们不必因此就厌恶自己,觉得自己就像社会的弃儿一般。意识到这一点,我们就能在精神上获得了超脱和自由。

懦弱者的立足之地

> 我坚持我的不完美,它是我生命的真实本质。
> ——(法国)法朗士

生活中,懦弱被定义为一种胆小、畏缩不前的心理状态。懦弱的人缺乏创造力和冒险精神,一旦遇到新计划、新挑战,总会搬出各种理由来推迟实行。在弱肉强食的社会里,性格懦弱的人似乎并无立足之地。不过懦弱性格是否就注定一事无成呢?

卡夫卡,这位伟大的作家生为男儿身,却没有任何男子汉的气概和气质。在他身上根本找不到那种知难而进、宁折不弯、风风火火、刚烈勇敢的男子汉追求独立的精神,更谈不上清风傲骨了。他短暂的一生没有独立性,只有依赖性,一直对父母有比较强的依赖。因此,卡夫卡身上最为突出的性格特征是懦弱,是一种男人身上少见的懦弱。

卡夫卡懦弱的性格是由他生活的家庭造成的，或者说是由他的父母后天塑造的。1883年，卡夫卡出生在奥匈帝国所辖捷克布拉格的一个犹太商人家庭，父母给他起名"卡夫卡"。在当时，犹太人的地位是十分低下的，而且这个姓氏是强加给犹太人的，并且带有骂人的贬义。卡夫卡就是出生在这样一个地位低下的犹太人家庭，而且他的名字本身就意味着一种被压迫的屈辱。

卡夫卡的父亲出身贫寒，仅靠一家小商店来维持生计，在那样一个动荡的年代里，一方面没有任何的社会地位，另一方面经济状况十分窘迫，过着捉襟见肘的日子。然而，对卡夫卡来说，生活上的艰辛与困苦似乎是可以忍受的，给他幼小心灵留下累累的、终生难以治愈的创伤是父亲对他无休止的粗暴。卡夫卡一生都无法理解父亲对他的粗暴与专横。年幼的卡夫卡日复一日地这样生活着。生活上的每一个细节、每一件小事对他来说都可能是一个不大不小的灾难，都可能成为父亲发火，乃至大发雷霆的借口。有些时候，父亲对他发的火让他不知所措，弄得他左右为难，对干什么事情都没有把握，从根本上丧失了自信心。他的父亲本来是想利用那种军队式的、高压的方式，达到他教育子女成材的目的，但他的叫骂、恐吓等，不但没有把卡夫卡塑造成他热切盼望的男子汉，反而使他一步步逃离现实世界，性格变得格外懦弱。在紧张、压抑、犹豫环境中成长的卡夫卡完全失去了自信心，也逐步丧失了自我，什么事情都显得动摇不定、犹豫不决。

这种环境使卡夫卡早早地产生了逃离现实生活的想法。现实生活对他来说实在太残酷了，只有在他的非现实世界——内心世界里，他似乎才能摆脱现实世界的烦恼。犹太人的社会境地和备受排斥、压迫的现实，也在卡夫卡幼小的心灵上留下了创伤。随着年龄的增长，卡夫卡愈发感觉周围的一切是那么不可抗拒、不可改变，而只有在他的内心深处，在他自己用想象构造的世界里，他才能找到少许宁静和安慰。这种逃遁实际上是对现实生活的一种反抗，只是这种反抗和卡夫卡的性格一样，是非常软弱的。

卡夫卡直到进入学校依然保持着这种非常懦弱的性格，很少与人交往，也没有朋友，整天活在自己的世界里。幸运的是，这时的他开始接触文学，并对此产生了浓厚的兴趣，阅读和写作就占据了他的大部分时间。

卡夫卡的懦弱让他选择了逃遁，逃向他钟爱的文学。文学，不仅是卡夫卡心灵的家园，也是他生命中的唯一选择。文学是他的王国，在那里，人们处处可以看到卡夫卡的影子。

在文学的王国里，人们看到了卡夫卡的勇气，懦弱的卡夫卡选择了并不懦弱的事业，并且取得了并不懦弱的成就。接纳自己的懦弱，选对自己人生的所在，就是生活的强者。

自卑情结是幸福的最大敌人

自卑往往伴随着懈怠。

——（德国）黑格尔

自卑作为一种消极的不良情绪，对人的幸福感有很大的影响。它表现为对自我的能力评价偏低，因而使人忧郁、悲观、孤僻，总觉得自己不如人，总觉得别人瞧不起自己。他们事事回避，处处退缩，不敢抛头露面，害怕当众出丑。这就能导致一个人精神颓废，缺乏幸福感，终日消沉。然而，自卑就不能摆脱吗？

阿德勒是一个奥地利人，被称为"现代自我心理学之父"。他出生在一个富裕的家庭，可是，童年的阿德勒却一点也不快乐。他与哥哥虽是一母所生，但哥哥身体强壮，活泼开心，人见人爱，阿德勒却自小体弱多病，而且还是个驼背。5岁时的大病，更让他的身体进一步被摧残。幸运的是，阿德勒考入大学，毕业后当了医生，后来提出了"自卑情结"。

他认为社会文化因素在人格形成和发展中起着决定性作用。追求卓越是人类动机的核心，而如何追求卓越，则取决于每个人独特的生活风格。追求卓越是一种天生的内驱力，使人力图成为一个没有缺陷的人、一个完善的人。

也就是说，人之所以自卑，可能是由于自身的缺憾，也可能是来自于别人对自己的评价。在现实生活中，几乎人人都曾经被自卑的阴影笼罩过。有自卑感并不可怕，可怕的是这种自卑感被深深地埋藏在心底，日积月累形成一种自卑的情结，从而使自己永远生活在自卑之中。自卑，能摧毁一个人，使人自甘堕落或发生精神病，但是另一方面，它还能使人发愤图强，力求振作，以补偿自己的缺点。

古希腊著名演说家戴蒙斯原先患有严重的口吃，而且呼吸困难，声音微弱。古希腊非常崇尚雄辩术，他立志要当一名雄辩家，并相信自己能成功。于是他刻苦训练，把石头含在嘴里练，把自己关在地下室练，虚心向名人学习。他通过艰苦的努力，最终成为雄辩之父。

类似的还有德国哲学家尼采。尼采出生于勒肯的一个牧师之家，他自幼性情孤僻，而且多愁善感、又矮又瘦，纤弱的身体使他总是有一种自卑感。他曾追求过一个美丽的姑娘，但因为太笨拙，没有成功，这使他更加自卑。然而他没有怨天尤人，没有自暴自弃，而是超越了自卑，战胜了自卑；因为自卑而产生的动力使他比别人更努力，付出更多。最终他成了一位伟大的哲学家。

蝼蚁卑微，但它从来就不嫌弃"自我"。它从不因自己的外形和表现，以及在这个星球上所存在的价值比重的多少而感到自卑。或许一个伤害就会使它失去了一条腿甚至生命，但面对如此脆弱的"自我"，它从来不会自怜自叹，它只知道做现在最应该做的事。或许某种时候，当我们感觉在生活中一切似乎退无可退，或看不到方向的时候，我们不妨把自我的认识回归到生命本身。

是的，自卑并不可怕，可怕的是永远沉溺其中，不能自拔。罗素说过，对自我的过分关注是不幸福的来源之一。自卑作为每个人身体都存在的因子，是被它控制，还是控制它、超越它，是每个人自己的选择。具体应该如何选择，也是每个人心里最清楚的。

消沉的人生幸运不再

> 聪明的人只要能认识自己,便什么也不会失去。
>
> ——(德国)尼采

人的一生不可能一帆风顺,总会存在着这样或那样的挫折和困难。也正因为如此,很多人在面对挫折与困难时丧失了挑战的勇气,从此甘于平庸;而有些人则凭着自己顽强不屈的性格勇敢地挑战挫折和困难,最终获得了幸福。

1899年7月21日,海明威出生于美国伊利诺伊州芝加哥市郊区的奥克帕克,他10岁开始写诗,17岁时发表了他的小说《马尼托的判断》。上高中期间,海明威在学校周刊上发表作品。14岁时,他曾学习拳击,第一次训练,海明威被打得满脸鲜血,躺倒在地。但第二天,海明威还是裹着纱布来了。20个月之后,海明威在一次训练中被击中头部,伤了左眼,这只眼的视力再也没有恢复。

1918年5月,海明威志愿加入赴欧洲红十字会救护队,在车队当司机,被授予中尉军衔。7月初的一天夜里,他的头部、胸部、上肢、下肢都被炸成重伤,人们把他送进了野战医院。他的膝盖被打碎了,身上中的炮弹片和机枪弹头多达230余片。他一共做了13次手术,换上了一块白金做的膝盖骨。有些弹片没有取出来,直到去世时都留在体内。他在医院躺了3个多月,接受了意大利政府颁发的十字军勋章和勇敢勋章,这一年他刚满19岁。

日本偷袭珍珠港后,海明威参加了海军,他以自己独特的方式参战,他改装了自己的游艇,配备了电台、机枪和几百磅炸药,他在古巴北部海面搜索德国的潜艇。1944年,他随美军在法国北部诺曼底登陆,他率领法国游击队深入敌占区,获取大量情报,并因此获得一枚铜质勋章。

记住莎士比亚曾经写下的一句话:"当太阳下山时,每个灵魂都会再度诞生。"再度诞生就是你把失败抛到脑后的机会。每一次的逆境、挫折、失败以及不愉快的经历,都隐藏着成功的契机,而不是增加你消沉的机会。

成功者并不一定都具有超常的智能,命运之神也不会给予他们特殊的照顾。相反,几乎所有成功的人都经历过坎坷,都是命运多舛,而他们都会选择从不幸的逆境中奋起前行。其关键在于成功的人有着顽强拼搏的性格,而不是甘心被消沉的情绪所左右。

圣凡各具"神通"

> 你,正如你所思。
>
> ——(美国)爱默生

虽然以道观之,物无贵贱,但世间的事物却千差万别。正如一位哲学家所说:"世间没有两片完全相同的树叶。"世间也没有完全相同的两个人。因此,不管是圣人,还是凡人,都有自己的独到之处。

骆驼长得高,羊长得矮。骆驼说:"长得高好。"羊说:"不对,长得矮才好呢。"骆驼说:"我可以做一件事情,证明高比矮好。"

羊说:"我也可以做一件事情,证明矮比高好。"

他们俩走到一个园子旁边,园子四面有围墙,里面种了很多树,茂盛的枝叶伸出墙外来。骆驼一抬头就吃到了树叶。羊抬起前腿,趴在墙上,脖子伸得老长,还是吃不着。骆驼说:"你看,这可以证明了吧,高比矮好。"羊摇了摇头,不肯认输。

他们俩又走了几步,看见围墙上有个又窄又矮的门。羊大模大样地走进门去吃园子里的草。骆驼跪下前腿,低下头,往门里钻,却怎么也钻不进去。羊说:"你看,这可以证明了吧,矮比高好。"骆驼摇了摇头,也不肯认输。

方东美在其著作《中国哲学之精神及其发展》中这样写道:"《齐物论》,由章太炎氏依佛家唯识宗之立场阐释之,乃是讨论万物之彻底一往平等性。"既然万事万物都是平等的,那么每个人都要有足够的自信,相信自我的力量能获取成功。

《庄子·秋水》中讲了这样一个故事:

独脚的夔羡慕多脚的蚿,多脚的蚿羡慕无脚的蛇,无脚的蛇羡慕无形的风,无形的风羡慕明察外物的眼睛,明察外物的眼睛羡慕内在的心灵。

夔对蚿说:"我依靠一只脚跳跃而行,没有谁再比我简便的了。现在你使用上万只脚行走,究竟是怎么样的呢?"蚿说:"不对哩。你没有看见那吐唾沫的情形吗?喷出唾沫大的像珠子,小的像雾滴,混杂着吐落而下的不可以数计。如今我启动我天生的机能而行走,不过我也并不知道自己为什么能够这样。"

蚿对蛇说:"我用众多的脚行走反倒不如你没有脚,这是为什么呢?"蛇说:"仰赖天生的机能而行动,怎么可以改变呢?我哪里用得着脚呢!"

蛇对风说:"我启动我的脊柱和身体而行走,还是像有足而行的样子。如今你呼呼地从北海掀起,又呼呼地驾临南海,却没有留下有足而行的形迹,这是为什么呢?"风说:"是的,我呼呼地从北海来到南海。可是人们用手来阻挡我而我并不能吹断手指,人们用腿脚来踢踏我而我也不能吹断腿脚。即使这样,折断大树、掀翻高大的房屋,却又只有我能够做到。"

独脚的夔、多脚的蚿、无脚的蛇、无形的风、明察外物的眼睛、内在的心灵,都只是羡慕别人,从来没有想到自己的能力才是最独特的。

屈原《卜居》中有言:"夫尺有所短,寸有所长,物有所不足。智有所不明,数有所不逮,神有所不通。"其实就是在阐明这样一个道理:人人都有其长处,人人都有其短处。

世间万物各有自己的独到之处,即使我们在某些方面差一些,但也许在另一方面我们却比别人更优秀。每个人都不要因自己的优点而过分骄傲,更不要因自己的缺陷而悲观绝望。

"愚蠢",也是一种力量

> 愚蠢、自私、身体好,幸福生活三要素。
>
> ——(法国)福楼拜

难得糊涂,精明的人太清醒了,看到不该看到的东西;"愚蠢"的人傻里傻气,他不知道世上还有那么多的委屈,那么多的弯弯。"愚蠢"的人头脑是简单的,不会考虑太多,也不会斤斤计较,所以他是快乐的。

正所谓大智若愚,聪明人要学会隐藏,视而不见,充耳不闻。这是一种心态,也是一种境界。眼不见为净,耳不闻为清静,这对聪明人来说是很难的。

古时候有一个名叫愚公的老人,他家的门口有两座大山挡住了他们出行的道路。于是愚公召集全家人一起移走这座大山,邻居的寡妇和小儿子也来帮忙。愚公一家搬山的工具只有锄头和背篓,一个月干下来,大山看起来跟原来没有两样。

有一个老头叫智叟,为人处世很精明。他看见愚公一家人搬山,觉得十分可笑。有一天,他就对愚公说:"你这么大岁数了,走路都不方便,怎么可能搬掉两座大山?"

愚公回答说:"你名字叫智叟,可我觉得你还不如小孩聪明。我虽然快要死了,但是我还有儿子,我的儿子死了,还有孙子,子子孙孙,一直传下去,无穷无尽。山上的石头却是搬走一点儿就少一点儿,再也不会长出一粒泥、一块石头的。我们这样天天搬,

月月搬，年年搬，为什么搬不走山呢？"自以为聪明的智叟听了，再也没话可说了。

愚公带领一家人，不论酷热的夏天，还是寒冷的冬天，每天起早贪黑挖山不止。他们的行为终于感动了上帝，上帝于是派遣两名神仙到人间去，把这两座大山搬走了。

老子说："大象无形，大音稀声，大智若愚。"这不但是中华民族的传统美德，更是一个人成熟、睿智的标志。

"愚蠢"的人也是幸福的，他并非觉得吃亏就一定是苦，他对痛苦比较麻木，对快乐比较敏感。因为他的"愚蠢"，所以有一点成功就觉得很满足了，活得更加轻松自在。

自己的幸福不在他人身上

也许人类最真实的尊严就是能够轻视自我。

——(美国)桑塔亚那

有些人一遇到事,首先想到的是求人帮忙;有些人不管是有事还是没事,总喜欢跟在别人身后,以为别人能解决他的一切疑难,在他们的心里,始终渴望着一根随时可以依靠的拐杖。但实际上,在绝大多数时候,自己才是最可靠的。

某人在屋檐下躲雨,看见观音正撑伞走过。这人说:"观音菩萨,普度一下众生吧,带我一段如何?"观音说:"我在雨里,你在檐下,而檐下无雨,你不需要我度。"

这人立刻跳出檐下,站在雨中说:"现在我也在雨中了,该度我了吧?"观音说:"你在雨中,我也在雨中,我不被淋,因为有伞;你被雨淋,因为无伞。所以不是我度自己,而是伞度我。你要想度,不必找我,请自找伞去!"说完便走了。

第二天,这人遇到了难事,便去寺庙里求观音。走进庙里,才发现观音的像前也有一个人在拜,那个人长得和观音一模一样,丝毫不差。这人便问:"你是观音吗?"那人答道:"我正是观音。"这人又问:"那你为何还拜自己?"观音笑道:"我也遇到了难事,但我知道,求人不如求己。"

把自己的幸福寄托在别的灵魂之上是很难获得安全感的。并

不是每个人都能像凌霄花那样攀缘高枝炫耀自己，因为这个世界上没有那么多供你依靠的大树。即使有，也是不可靠的，如果大树倒了，你该怎么办？

就像《国际歌》中所唱的那样："从来就没有什么救世主，也不靠神仙皇帝！要创造人类幸福，全靠我们自己！"自己才是最可靠的，自己的生活是把握在自己手中的，是需要自己去创造的。

只会找借口，只能收获失败

在获得胜利之后而能克制自己的人，获得了双重的胜利。

——（英国）培根

有一天，佛陀坐在金刚座上，开示弟子们道：

"世间有四种马：第一种良马，主人为它配上马鞍，套上辔头，它能够日行千里，快速如流星。尤其可贵的是当主人一抬起手中的鞭子，它一见到鞭影，便能够知道主人的心意，迅速缓急，前进后退，都能够揣度得恰到好处，不差毫厘，这是能够明察秋毫、洞察先机的第一等良驹。

"第二种好马，当主人的鞭子打下来的时候，它看到鞭影不能马上警觉，但是等鞭子打到了马尾的毛端，它也能领受到主人的意思，奔跃飞腾，这是反应灵敏、矫健善走的好马。

"第三种庸马，不管主人几度扬起皮鞭，见到鞭影，它不但

迟钝毫无反应,甚至皮鞭如雨点地挥打在皮毛上,它都无动于衷。等到主人动了怒气,鞭棍交加打在结实的肉躯上,它才能有所察觉,顺着主人的命令奔跑,这是后知后觉的庸马。

"第四种驽马,主人扬起了鞭子,它视若无睹;鞭棍抽打在皮肉上,它也毫无知觉;等到主人盛怒了,双腿夹紧马鞍两侧的铁锥,霎时痛刺骨髓,皮肉溃烂,它才如梦初醒,放足狂奔,这是愚劣无知、冥顽不化的驽马。"

庸马和驽马是职场中许多平庸者的生存写照。他们总是抱怨老板对他们太苛刻,工资太低,抱怨公司没有为他们提供更好的舞台，给他们以施展才华的机会。

职场中，数不清的人正在拼命地为自己的失败寻找借口，造成了职场人生的萎靡与黯然。相比之下，"良马"式员工从不会寻找理由为自己的行为开脱，更不会去抱怨自己的处境和外在的人与事。

真正优秀的人从来不去抱怨环境给予了自己什么，也不会为了自己的失败找寻任何的借口。他们只会勇敢地面对生活，即使面临委屈的处境，也不会觉得难过。可是，在职场中，很多人却在一直为自己找寻借口。这样的人，注定了只能做"庸马"和"驽马"，更不会走向成功。

第七章
心中的财富是真财富

人生在世，怎能不讲利

何必曰利？亦有仁义而已矣。

——孟　子

人类文化思想包含的政治、经济、军事，乃至于人生的艺术、生活等，都是以求利为目的的。如果不求有利，又何必去学？做学问也是为了求利，读书认字，不外是为了获得生活上的方便或是舒适。

孟子来到魏国，见到魏国国君梁惠王，梁惠王问他："叟，不远千里而来，亦将有以利吾国乎？"意思是："老头儿，你能为我们国家谋得什么利益吗？"

孟子听了之后，没有拍案而起、针锋相对，而是颇有风度、庄重地说："王何必曰利？亦有仁义而已矣。"意思是说，"大王您何必只图眼前的利益？其实只有仁义才是永恒的大利"。按照孟子的说法，仁义也是利，道德也是利，这些是广义的、长远的利，是大利；不是狭义的金钱财富的利，也不只是权利的利。

可见，人们追求有用或没用的东西都是利，只不过有大利、小利之别而已。人生在世，怎能不讲利？

"采菊东篱下，悠然见南山。"陶渊明以他那高洁的品质和优美的诗句，流传于中国的文学与历史的天空。而他不为五斗米折腰的故事，更是为世人所传颂。世人以不为五斗米而折腰的陶渊明为淡泊名利、知足常乐、悠然处世的典范。殊不知，他挣脱名利的束缚，求来的却是另一种利，这对陶渊明来说也许是一种大利。因此在面临选择时，他毅然抛弃了世人所向往的官阶财富，而选择了维护自己的人格和操守，以取得心灵的宁静。

纵观人的一生，人们都在围绕着利这个圆点，不停地做着圆周运动。追求的东西多了，这个圆就大一些，人也就跑得累一些；追求的东西少，圆就小一些，人自会轻松不少。难怪司马迁在自己的巨著《史记》中叹道："天下熙熙，皆为利来；天下攘攘，皆为利往。"他这一叹，有对世人追逐现实名利的无奈，却也说明了人生以"利"为核心的道理。

不义富且贵，于我如浮云

> 饭疏食饮水，曲肱而枕之，乐亦在其中矣。不义而富且贵，于我如浮云。
>
> ——孔 子

契诃夫说过，金钱并不就是幸福，一个人即使贫穷也能幸福。虽然金钱是一种有用的东西，但是，只有在你觉得知足的时候，它才会带给你快乐；否则的话，它除了带给你烦恼，使你内心失衡外，毫无意义。有人将金钱视为罪恶的源泉，其实，钱本身并没有错，错的仅仅是人们对于金钱的态度。

美国石油大王洛克菲勒出身贫寒，在他创业初期，人们都夸他是个能干的小伙子。当财富像贝斯比亚斯火山流出的岩浆似的流进他的口袋里时，他变得贪婪、冷酷。深受其害的宾夕法尼亚州油田地方的居民对他深恶痛绝。有的受害者做了他的木偶像，亲手将"他"处以绞刑。无数充满憎恶和诅咒的威胁信涌进他的办公室。连他的兄弟也十分讨厌他，特意将儿子的遗骨从洛克菲勒家族的墓地迁到其他地方，他说："在洛克菲勒支配下的土地内，我的儿子变得像个木乃伊。"

由于洛克菲勒为追求财富操劳过度，身体变得极度糟糕。医生们终于向他宣告了一个可怕的事实，以他身体的现状，他只能活到50多岁，并建议他改变拼命赚钱的生活状态，他必须在金钱、烦恼、生命三者中选择其一。这时，他才开始醒悟到是贪婪控制了他的身心，他听从了医生的劝告，退休回家，开始学打高尔夫球，上剧院去看喜剧，还常常跟邻居闲聊。经过一段时间的反省，他开始考虑如何将庞大的财富捐给别人。

于是，他在1901年设立了"洛克菲勒医药研究所"；1903年成立了"教育普及会"；1913年设立了"洛克菲勒基金会"；1918年成立了"洛克菲勒夫人纪念基金会"。他不再做钱财的奴隶，他喜爱滑冰、骑自行车与打高尔夫球。他90岁时依旧身心健康，耳聪目明，日子过得很愉快。他逝世于1937年，享年98岁。他死时只剩下一些标准石油公司的股票，其他的产业都在生前捐掉或分赠给继承者了。

假如只把追逐金钱作为人生唯一的目标，人就会变成一种可怜的动物，就会被金钱这种自己所制造出来的工具捆绑起来，不得自由。对待金钱必须要拿得起、放得下，赚钱是为了活着，但活着绝不是为了赚钱。

金钱并不是唯一能够满足心灵的东西，虽然它能为心灵的满足提供多种手段和工具，但在现实生活中，人不能只顾享受金钱而不去享受生活。

享受金钱只能让自己早日堕落，而享受生活却能够使自己不断品尝人生的幸福。享受金钱会使自己的心智被金钱束缚住，从而整天为金钱所困，为金钱而痛苦，生活便会沦为围绕一张钞票而上演的闹剧。懂得享受生活的人则不在乎自己有多少金钱，多可以过，少一样可以过，问题在于自己能够处处感悟到生活。懂得享受生活的人会感觉人生是无限美好的，于是越活越有劲。

君子爱财，取之有道

> 你活着的每一天，都应该努力地去追求财富。只要你制造的财富是正大光明的，你就会得到所有人的尊敬与赞扬。
>
> ——（美国）比尔·盖茨

在这个世界上，财富本身并没有任何颜色，只是因为追求的方式不同，让财富有了"金色"、"灰色"，甚至"黑色"等不同的颜色，但只有阳光下的财富才是最明亮、最干净的。

孔子对财富也有自己的看法："富与贵，是人之所欲也，不以其道得之，不处也；贫与贱，是人之恶也，不以其道得之，不去也。君子去仁，恶乎成名？君子无终食之间违仁，造次必于是，颠沛必于是。"意思是说，发财和做官是人人都想得到的，不用正当的方法得到的，不要接受；贫穷和地位低贱是人人厌恶的，不用正当方法摆脱的，就不要摆脱。君子扔掉了仁爱之心，怎么能成就君子的名声？君子时时刻刻都不离开仁道，紧急时不离开，颠沛时也不离开。其中也蕴涵了君子只取正义之财的道理。君子爱财，取之有道，这是一个正人君子所应秉持的金钱观。

战国时期，孟子名气很大，府上每日宾客盈门，其中大多是慕名而来、求学问道之人。有一天，接连来了两位神秘人物，一位是齐国的使者，一位是薛国的使者。对他们，孟子自然不敢怠慢，小心周到地接待他们。

齐国的使者给孟子带来赤金100两，说是齐王的一点小意思。孟子见其没有下文，坚决婉拒了齐王的馈赠。使者灰溜溜地走了。

过了一会儿，薛国的使者也来求见。他给孟子带来50两金子，说是薛王的一点心意，感谢孟子在薛国发生兵难时帮了大忙。孟子吩咐手下人把金子收下。左右的人都很奇怪，不知孟子葫芦里卖的是什么药。

其中有一位弟子问孟子："齐王送您那么多的金子，您不肯收；薛国才送了齐国的一半，您却接受了。如果您刚才不接受是对的话，那么现在接受就是错了；如果您刚才不接受是错的话，那么现在接受就是对了。"

孟子回答说："都对。在薛国的时候，我帮了他们的忙，为他们出谋设防，平息了一场战争，我也算个有功之人，为什么不应该受到物质奖励呢？而齐国人平白无故给我那么多金子，是有心收买我，君子是不可以用金钱收买的，我怎么能收他们的贿赂呢？"

左右的人听了，都十分佩服孟子的高明见解和高尚操守。

名利为世人所钟爱，但是人不能违背自己的良心与道义去拿本不属于自己的东西，不义之财就算被你拿到了，将来也会要你十倍于它去偿还。

人生的辩证法是无情的，有得必有失，得到的越多，失去的也就越多。过于贪心的人不仅享受不到幸福，而且弄不好最终还会把自己的性命也搭进去，这绝不是危言耸听，而是有事实为证的。很多人对"君子爱财，取之有道"产生了质疑，从而选择邪道走下去，一步步迈向黑暗的沼泽地，到了万劫不复之时，才发现自己曾经拥有过最珍贵的幸福——自己动手，丰衣足食。

岳飞曾赞一匹千里马："受大而不苟取，力裕而不求逞，致远之才也。"它食量大而不苟取，拒食不精不洁之物，力量充裕而不逞一时之能，称得上负重致远之才。人亦是如此，不义之财勿纳，不正之道勿走，只有这样才能肩负重任，有所成就。

我役物，而不役于物

> 放纵自己的欲望是最大的祸害。
>
> ——（古希腊）亚里士多德

哲学史上不仅汇集了各种各样的思想，也汇集了各种各样的哲学家。他们有的严于律己，有的醉心于学问，有的舍己为人，当然也有讲求享乐的哲人。古希腊的阿里斯提波就是这样一个人，他的身上充满了市侩气息。

说起来，阿里斯提波还是苏格拉底的学生，与柏拉图是同学，甚至比柏拉图入门还早。当时，苏格拉底盛名远扬，阿里斯提波被吸引到了雅典。后来，阿里斯提波创立了享乐主义哲学，主张一个人享受物质的同时做到不被物质支配，即"我役物，而不役于物"。

其一言一行无时无刻不在体现着这一原则。

为了追求物质享受，阿里斯提波投靠了雅典的僭主狄奥尼修，每日游走宫廷，讨好达官显贵。狄奥尼修想嘲弄一下阿里斯提波，就故意问他："为什么哲学家会去富人家里，而富人从不拜访哲学家呢？"

阿里斯提波回答道："智者知道他需要什么，而富人不知道他需要什么。"

狄奥尼修问阿里斯提波："那你为什么离开了苏格拉底来投靠我？"

阿里斯提波说:"我需要智慧时,就去苏格拉底那里;现在我需要钱财,就来你这儿。你看,我是用自己有的东西换没有的东西。"

传说有一次第欧根尼洗菜时看见他路过,于是嘲讽他说:"如果你学会了以这个为食的话,你就用不着拍国王马屁了。"对此他回答道:"如果你知道怎样跟别人打交道的话,你就用不着洗菜了。"有人问他从哲学得到了什么,他回答道:"在任何社会中都过得舒适的能力。"一次,有人问他哲学家有什么优点,他回答说:"如果所有法律都废除了的话,我们仍会像现在一样生活。"

哲学家并不都是古板严肃的，他们不是圣徒，更不是装模作样的卫道士，而是活生生的凡人。人的优点和缺点在哲学家身上一样会表现出来，只不过会因为其哲学信念而在某一方面表现得更加夸张而已。

在阿里斯提波看来，物欲并不是什么可怕的东西，相反，人们必须依靠物欲来生活。而实际上，人的欲望是不可能完全满足的，所以人不能回避对物欲的渴求，更不能被欲望所压倒。物欲的满足可以带来安逸的生活。在他看来，学习哲学的目的是为了在任何社会中都过得很舒适。的确，他做到了这一点，并且自己活得还很惬意。

钱，到底有什么魔力

金钱是人类所有发明中近似恶魔的一种发明。

——（苏联）马卡连柯

钱，到底有什么魔力？为什么人们常说："钱不是万能的，但没有钱是万万不能的。"得到了金钱，就等于拥有幸福了吗？

伟大的戏剧家莎士比亚写过一部著名的悲剧《雅典的泰门》：

雅典富有的贵族泰门慷慨好施，所以在他的周围聚集了一些阿谀奉承的"朋友"，无论穷人还是达官贵族都愿意成为他的随从和食客，以骗取他的钱财。泰门很快家产荡尽，负债累累。那些受惠于他的"朋友们"马上与他断绝了来往，债主们也无情地逼他还债。泰门发现同胞们的忘恩负义和贪婪后，变成了一个愤世者。

他宣布再举行一次宴会，请来了过去的常客和社会名流。这些人误以为泰门原来是装穷来考验他们的忠诚，于是蜂拥而至，虚情假意地向泰门表白自己。泰门揭开盖子，把盘子里的热水泼在客人的脸上和身上，把他们痛骂了一顿。从此，泰门离开了他再也不能忍受的城市，躲进荒凉的洞穴，以树根充饥，过起野兽般的生活。有一天他在挖树根时发现了一堆金子，他把金子发给过路的穷人和窃贼。在他看来，虚伪的"朋友"比窃贼更坏，他恶毒地诅咒人类和黄金，最后在绝望中孤独地死去。

在这部悲剧中，莎士比亚借泰门之口大发感慨：

金子！黄黄的、发光的、宝贵的金子！
这东西，只这一点点儿，
就可以使黑的变成白的，丑的变成美的；
错的变成对的，卑贱变成尊贵；
老人变成少年，懦夫变成勇士。
呵，你是可爱的凶手，
帝王逃不过你的掌握，
亲生的父子会被你离间！

说白了，钱就是货币，是一种充当一般等价物的特殊商品，它可以作为价值尺度、流通手段、储蓄手段、支付手段和世界货

币等发挥作用,它可以用来购买其他任何商品。难怪有人说:"有钱能使鬼推磨。"

在美国人安比尔斯编撰的《魔鬼辞典》中对金钱的解释是:"金钱是一种祝福,不过只有在离开它之后我们才能受益。金钱是有文化修养的标志,也是进入上流社会的通行证。"把实用主义奉为圭臬的美国微软公司对财富与金钱有着特殊的喜好,他们认为财富是上帝赐予的礼物。洛克菲勒说:"这是我心爱的独生子,我非常喜欢他。"另一位美国大亨摩根则说:"这是对辛劳与美德的奖赏。"人生在世,如何对待金钱,为我们赢取幸福和快乐呢?

在犹太人中间,流传着这样一个故事:

一天,一个拥有无数钱财的吝啬鬼去智者那儿乞求祝福。

智者让他站在窗前,让他看外面的街上,问他看到了什么,他说:"人们。"

智者又把一面镜子放在他面前,问他看到了什么,他说:"我自己。"

智者解释说,窗户和镜子都是玻璃做的,但镜子上镀了一层水银。单纯的玻璃能让我们看到别人,而镀上水银的玻璃都只能让我们看到自己。

可见,金钱的危险性一览无余。金钱的魅力可以转移人的眼光、灵魂,难怪有人说:"有些人是金钱的奴隶。"

因小利而忘命,成大事而惜身

> 财富并不能带来善,而善能带来财富和其他一切幸福。
>
> ——(古希腊)柏拉图

人生如梦,弹指一挥间。在这个过程中,无数人为蝇头小利算来算去,终究一事无成,如一粒尘土来到世间,庸碌过后,仍旧是尘归尘。他到来那刻,世界似乎在打盹,没有被他激起一丝涟漪。因此,要想在短暂的人生中成就一番大事业,必须迈过小

利的陷阱,将眼光放长远,才能真正有所作为。

冯谖是孟尝君的食客,因为饭桌无鱼,便弹铗而歌。后来他被孟尝君的诚意与谦逊所感动,终于为其利益而奔走。

有一天,孟尝君想从门客中选一人代他到薛邑(孟尝君的封地)收债,冯谖主动申请前往。孟尝君很高兴,便同意了。冯谖收拾停当之后,向孟尝君辞行,并请示:"收完债,您需要买些什么东西吗?"孟尝君顺口答道:"先生看我家里缺什么,就买些什么吧!"

冯谖驱车来到薛邑,他派人把所有负债之人都召集到一起,核对完账目后,他便假传孟尝君的命令,把所有的债款赏给负债

诸人，并当面烧掉了债券，百姓感激不已。

冯谖随即返回，一大早便去求见孟尝君，孟尝君没料到他回来得这么快，半信半疑地问："债都收完了吗？"冯谖答："收完了。""那你给我买了些什么回来呢？"孟尝君又问。冯谖不慌不忙地答道："您让我看家里缺少什么就买什么，我考虑到您有用不完的珍宝、数不清的牛马牲畜，美女也很多，缺少的只有'义'，因此我为您买了'义'回来。"孟尝君不知其所云，忙问买"义"是什么意思。冯谖就把债款赐薛民的事说了，并补充说："您以薛为封邑，却对那里的百姓像商人一样盘剥刻薄，我假传您的命令，免除了他们所有的债，并把债券也烧了。"孟尝君听罢心里很不高兴，只得悻悻地说："算了吧！"

一年后，孟尝君由于失宠被新即位的齐王赶出国都，只好回到薛邑。往日的门客都各自逃散了，只有冯谖还跟着他。当车子距薛邑还有上百里远时，薛邑百姓便已扶老携幼，夹道相迎。孟尝君好生感慨，回头对冯谖说："先生您为我所买的'义'，我今天终于看见了！"

元代的一位文人曾作《醉太平·夺泥燕口》："夺泥燕口，削铁针头，刮金佛面细搜求，无中觅有。鹌鹑嗉里寻豌豆，鹭鸶腿上劈精肉，蚊子腹内刳脂油，亏老先生下手！"这是讥讽贪小利者，其刻画真是入木三分，令人拍案叫绝。也许有夸张之嫌，但也足够引人思考。

以小利而大喜或者大悲，结果是因小利而忘命，成大事而惜身。若一生为小利而蝇营狗苟，则终将一事无成。

财富的能力比传统更重要

> 人们不太看重自己的力量——这就是他们软弱的原因。
>
> ——高尔基

"不了解犹太人，就不了解世界。"犹太人对世界产生了重大的影响。

对于犹太人的财富，有一个非常经典的说法：世界的钱在美国人的口袋里，而美国人的钱却在犹太人的口袋里。

犹太人主张用自己的力量去改变他们认为不合理的东西，甚至认为个人的力量是可以影响和改变世界的。有这样一个故事：

有两个人，一个是以家世为荣的青年，另一位则是贫穷的牧羊人。

那位家庭富有的青年人非常自豪，把自己祖先的荣耀和富有向牧羊人狠狠吹嘘了一番，然后得意地看着牧羊人。

牧羊人哈哈一笑道："那位伟大祖先的后代原来是你啊。不过你要知道，如果你是你们家族的最后一个人，那我肯定是我们家族的祖先。"

这个牧羊人不看重传统，更不会被传统的背景和势力所吓住。

他相信的是自己的能力，相信自己可以改变自己的不利处境。他要做的就是推翻前人带给后人的影响，创建一个由自己主宰的新天地。这就是犹太人，他们思想开放，崇尚自由，反对一切守旧的东西，更不会为一些僵化的观念和传统的做法所拘束。年老的智者总是鼓励年轻人按自己的意愿去做事，不要害怕去尝试新鲜的事物，即使是冒险也是值得的。

犹太人的思想是开放的，这为他们天马行空地行走世界奠定了思想的基础，而这些便是现代商人的原型。

当机遇到来的时候，他们就利用自己的技能，在没有资本、没有工具，也没有钱的情况下，巧妙地利用了经济上的自由，沿着社会阶梯向上攀登。

第八章
与命运抗争

非命，命运在自己手中

你的命运藏在你的胸膛里。

——（德国）席勒

人们在遭遇到不幸和挫折时，往往会把这一切认为是命运的捉弄，既然命中注定自己要承受这样的痛苦，与其挣扎着改变，不如顺应天命，默默承受。但墨子告诉我们，没有冥冥之中的"命"，即使有，命运也是掌握在我们自己手中的，只要你有勇气，你永远是自己人生的主人。

墨子强调"非命""尚力"，认为决定人们不同遭遇的不是"命"，而是"力"。人们可以通过自身的努力，来掌握自己的命运。

在漫长的人生旅途中，我们总会碰到暗无天日的境遇。我们不能控制逆境的出现与否，但是我们却能够和它抗争，因为命运掌握在自己的手中。

一天，上帝降临到尘世。他看到一位聪明的老人正在思考人生，便走上前说："我也为人生感到困惑，我们能一起探讨探讨吗？"

老人并未认出上帝，点点头说："我越是研究，就越是觉得

人类是一种奇怪的动物。他们有时候非常善用理智,有时候却非常不理智,而且往往在大的方面失去了理智。"

上帝叹了一口气说:"是啊。他们厌倦童年的美好时光,急着成熟,但长大了,又渴望返老还童;他们健康的时候,不知道珍惜健康,往往牺牲健康来换取财富,然后又用财富来换取健康;他们对未来充满焦虑,却往往忽略现在,结果既没有生活在现在,又没有生活在未来之中;他们活着的时候好像永远不会死去,但死去以后又好像从没活过,还说人生如梦……"

老人感到对方的话十分中肯,就说:"研究人生的问题,是很耗费时间的。您怎么利用时间呢?"

"是吗?我的时间是永恒的。对了,我觉得人一旦对时间有了真正透彻的理解,也就真正弄懂人生了。因为时间包含着机遇,包含着规律,包含着人间的一切,比如新生的生命、没落的尘埃、经验和智慧等一切人生至关重要的东西。"

老人聆听上帝的回答后,请上帝对人生提出自己的忠告。

上帝拿出一本厚厚的书,里面却只有这么几行字:

人啊!你应该知道,你不可能取悦于所有的人;最重要的不是去拥有什么东西,而是去做什么样的人和拥有什么样的朋友;富有并不在于拥有最多,而在于贪欲最少;在所爱的人身上造成深度创伤只要几秒钟,但是治疗它却要很长很长的时光;有人会深深地爱着你,但却不知道如何表达;金钱唯一不能买到的,却是最宝贵的,那便是幸福;宽恕别人和得到别人的宽恕还是不够的,你也应当宽恕自己;你所爱的,往往是一朵玫瑰,并不是非要极力地把它的刺儿除掉,你能做的就是不要被它的刺刺伤,自己也不要伤害到心爱的人;尤其重要的是很多事情错过了就没有了,错过了就是会变的。

老人读完,激动万分:"只有上帝,才能……"抬头时,上帝已经不见了。

其实,懂得了人生和幸福的真谛,我们每个人都是自己的上帝,一切的悲喜哭笑皆掌握在自己的双手中。

对每个生命而言,最重要的是:只有自己才是自己的上帝。

向苦难的生活索取意义

命运的变化犹如月之圆缺,对强者毫无妨害。

——(美国)富兰克林

"无论什么,只要你在活着的时候应付不了生活,就应该用一只手挡开点儿笼罩着你的生活的绝望……但同时,你可以用另一只手,草草记下你在废墟中看到的一切,因为你和别人看到的不同,而且更多。"1921年10月19日,德国小说家卡夫卡在他的《卡夫卡日记》中写下了这段话。这位长期生活在痛苦和孤独之中的伟大文学家用左手挥去一战前后弥漫的硝烟,用右手写下了传世的文字。

含着金钥匙出生的人毕竟是少数,一生顺利的人更是少数中

的少数。没有人会给苦难的生活打上漂亮的蝴蝶结,但毋庸置疑,它仍然是一份珍贵的礼物。挫折、坎坷、苦难是大多数人必经的旅程,它们是人生最好的大学。我们需要的是借助挫折的力量提高自己。

　　一位学者应邀到一个美国军事基地演讲,美方派了一名士兵到机场迎接他。

　　这位士兵非常有礼貌,一见到学者就立刻上前敬礼致意,并陪他一起去取行李。刚走几步,士兵突然加快了脚步,学者看着他紧赶几步替前面一位老人拎起了箱子;士兵把老人送上出租车才回到学者身边,但不一会他又离开了——他从一位被人群挤得站不稳的母亲怀里接过了她的孩子;后来,士兵又为了帮一位外国人指路走开了。

这一小段路上，士兵离开了学者三次，每次归来时，他都笑得非常开心。学者问他："你是从哪里学到要这样去做的？"

"战场。"士兵回答，"我亲眼看着自己的战友一个个倒下，我不知道下一个死去的会不会是我。每次抬脚和落脚之间，我都可能会失去生命，所以那时候我开始懂了，每一步都是整个人生。"

学者问："当时你的任务是？"

"排雷。"

能够在血腥的战场上获得生命的启示，在朝不保夕的境遇里思索存在的意义，这是多么难得！充分利用抬脚与落脚间的间隙，把迈出的每一步都当成整个人生，这是士兵从残酷的战争中获得的经验，也是使他的人生增值的砝码。面对苦难，这位士兵的内心之强大，真是令人不由得心生敬意。

所谓"时势造英雄"，苦难的环境的确成就了很多伟人，比如发于畎亩之中的舜，举于版筑之中的傅说，出身鱼盐之中的胶鬲，各自举于士、海、市的管夷吾、孙叔敖、百里奚。但是，挫折同样会毁灭弱者。初涉社会的年轻人往往带着些年少的轻狂，认为自己所向披靡、无所不能，但心高气傲与心灰意冷之间往往只有一线之隔，一个小小的挫折就可能像兜头的冰水一样浇熄他们的热情。

从沙粒化身珍珠的过程不难得出结论，苦涩是有价值的，它像一个三棱镜，把单调的人生折射出缤纷的色彩。法国有位

诗人曾写下这样的诗句:"我洗过无数车子/我擦过无数鞋子/它们愈是闪光/我愈是满手污垢。"若将后两句话的次序颠倒一下,就更容易发现磨难的价值所在了:那无数肮脏的车子、沾染尘埃的鞋子,在我的擦洗下变得异常洁净,尽管双手沾染了污垢,我眼前却是跃动的光亮。

随缘随喜,顺其自然

> 聪明人不注意自己不可能得到的东西,也不会为它们烦恼。
>
> ——(英国)乔·赫伯特

世间万物皆有其自身的规律,水在流淌的时候是不会去选择道路的,树在风中摇摆时是自由自在的,它们都懂得顺其自然的道理。因此,揠苗助长固不可取,逆流而上也是一种愚蠢。

再美好的事物,其结果都是一样的——或好或坏、或高或低、或美或丑、或大或小,感觉上并没有什么太大的差别。不同的则是它们的过程,在过程中享受奋斗的惬意,那才是幸福快乐的,而这个过程便是境遇,一种无法抵抗的客观事实,你只能顺其自然而为。

下面这个小小的禅院故事很好地阐释了顺其自然的真意:

三伏天里,禅院的草地已经是一片枯黄。

"快撒点草籽吧!好难看啊。"小和尚说。

"等天凉了。"师父挥挥手,"随时!"

中秋的时候,师父买了一包草籽,叫小和尚播种。秋风起,草籽边撒边飘。

"不好了!好多种子都被风吹飞了。"小和尚喊道。

"没关系,吹走的多半是空的,即使撒下去也发不了芽。"师父说,"随性!"种子刚撒完,就飞来几只小鸟啄食。

"要命了!种子都被鸟儿吃了!"小和尚急得直跳脚。

"没关系!种子多,吃不完!"师父说,"随遇!"

半夜下了一阵骤雨,小和尚一大早就冲进禅房:"师父!这下全完了!好多草籽被雨水冲走了!"

"冲到哪里,就在哪里发芽!"师父说,"随缘!"

转眼一个星期过去了，原来光秃秃的地面居然长出了许多嫩绿的草苗，一些原来没播种的角落也泛出了绿意。

小和尚高兴得拍起手来。师父点点头说："随喜！"

随，不是跟随，而是顺其自然，不怨怒，不躁进，不过度，不强求；随，不是随便，而是把握机遇，不悲观，不刻板，不慌乱，不忘形。

是的，顺其自然并不是消极地去等待，更确切地说，顺其自然是寻求生命的平衡。

很多时候，顺其自然也是一种境界。许多人探讨过烦恼的来源，从某个角度看，来源其实只有一个：不愿顺其自然，不愿接受冥冥之中的安排。但这都是有代价的，只是当事人不知而已。上帝公平得很，赋予的同时总伴随着索取。佛则认为人的烦恼的产生是由于我们对某物的执着和放不下，我们总是希望事情按照我们的意愿去发展，而事实则正好相反，但我们却依然执着于当初的意愿，这便产生了所谓的"烦恼"。

"命里有时终须有，命里无时莫强求。"生活中有许多东西是可遇而不可求的，有时能有某种体验就足够了，不完美的才是真实的，正如徐志摩所说："得之我幸，不得我命，如此而已。"这就是我们应该追求的生活态度——顺其自然，不属于你的，大概永远也不会属于你，譬如天上的月亮。你想真正得到你所珍惜的东西最好顺其自然，如果它微笑着翩然而至，它将永远属于你；如果它无意降临，你又何必像放风筝似的，死死吊住它不放呢？

面对此种情形，我们不妨让很多事情都顺其自然，这样你会发现你的内心会渐渐清朗，而思想的负担也会随之减轻许多。的确，顺其自然可以说是经历了万千风雨之后的大彻大悟；是领略了人生的峰回路转之后的空灵；也是一种幽幽暗暗、反反复复追问之后的无奈。

此心安处是故乡

你总是随身携带你自己，又怎能惊讶于你的旅行未能给你带来幸福？正是驱使你向前的东西本身成了压在你身上的重担。

——（古希腊）苏格拉底

对于随遇而安，人们会有不同的理解和体悟。不少人爱用"随遇而安"一词来批评他人或自嘲，以致使其成了满足现状、不思进取的同义词。细细品味这四个字，觉得不但含义颇深，而且包含着两层意思。

"随遇"者，顺随境遇也，"安"者，一可理解为听天由命，安于现状；二可理解为心灵不为不如意之境遇所扰，无论于何种处境，均能保持一种平和安然的心态，并继续坚持自己的追求。前者之"安"，或许可以称之为"消极处世"；而后者之"安"，则需要一种良好的心理调节能力，甚至需要一种超脱、豁达的胸襟，不是人人都能做到的。庄子有言："古之真人，其寝不梦，

其觉无忧,其食不甘,其息深深。"真人者,有心灵之安,不仅可以使人"其寝不梦,其觉无忧",而且还可以使人乐观处世,长葆青春。

苏轼的友人王定国有一名歌女,名叫柔奴,眉目娟丽,善于应对。其家世代居住京师,后王定国迁官岭南,柔奴随之,多年后,复随王定国还京。苏轼拜访王定国时见到柔奴,问她:"岭南的风土应该不好吧?"不料柔奴却答道:"此心安处,便是吾乡。"苏轼闻之,心有所感,遂填词一首,这首词的后半阕是:"万里归来年愈少,微笑,笑时犹带岭梅香。试问岭南应不好,却道,

此心安处是吾乡。"在苏轼看来，偏远荒凉的岭南不是一个好地方，但柔奴却能像生活在故乡京城一样安然处之。从岭南归来的柔奴，看上去似乎比以前更加年轻，笑容仿佛带着岭南梅花的馨香，这便是随遇而安，并且是心灵之安的结果了。

这则小故事传递给我们的是人生的另一种境界——随遇而安。那柔奴便是因为深谙了"随遇而安"的内涵与要义，因而能做到"此心安处是吾乡"，并使自己"万里归来更年少"。

"此心安处是吾乡"，直到今天，仍然被无数漂泊者当作自况、自慰之语。多少"身在异乡为异客"的人，因能随遇而安，故而不论在什么样的环境里，均能安之若素。能安之若素，方可心无烦忧，一心做自己应做或爱做之事。

坚持有原则的自由

一个人只要宣称自己是自由的，就会同时感到他是受限制的。如果你敢于宣称自己是受限制的，你就会感到自己是自由的。

——（德国）歌德

"大鱼吃小鱼，小鱼吃虾米"，这就是生物链，而生物链就是自然界中自由与约束的关系。没有一种生物是没有天敌的，它们在和同类生活的同时，也必然要提防天敌的袭击。假设哪天狮子不吃羊了，豹不吃兔子了，所有动物都安乐地繁殖，那么终有一天，世界上的动物会越来越多，那么除了"人口危机"外，还会出现"牲口危机",到时候动物们是不是也需要找一个星球来移民呢?

人与动物最根本的区别便在于,人有一种非凡的能力,那便是:人懂得自我约束。

任何事物都需要有一定的约束,所以佛法中存在十分严格的"持戒"。俗话说:"没有规矩,无以成方圆。"的确,世间的万事万物都要受到一定的约束,没有一个事物是绝对自由的。有这样一则寓言:

车轮对方向盘说:"你总是限制我的自由。"

方向盘说:"我若不限制你的自由,你就会跌到深渊中去。"

汽车不能离开方向盘的限制,人也离不开社会的约束。

世上并没有无约束的自由,而只有不同约束条件下的自由。自由与约束是相对的,自由和约束总是在变化,约束少一点,自由就会多一些;约束多一些,则自由便会少一点。

生活中,很多人都崇尚自由,反对约束,但世界上有绝对的自由吗?

云雀总以为笼子是它的束缚,想方设法地逃离那里,飞向心中的自由之所——天空。后来,它发现笼子外的世界有太多危机,有太多的艰辛束缚着它,使它疲惫,于是它又回到了那个原本是约束,现在又成为它眼中自由的地方——笼子。

从云雀身上,我们不难看出,约束和自由并非是绝对的,而是相对的。有了约束才会有自由,因为自由存在的前提是束缚,没有各种各样比如道德法律上的约束和规定,或者各种人为的规则和要求,自由就无从谈起;另一方面,没有自由,约束也就失去了它本身具有的意义和作用。

所以,自由和约束看似矛盾,却又和谐统一。

其实,人类是经过了无数次"包装"的,约束就是那一层又一层的包装纸,没经过包装的人做起事来随心所欲、无法无天,这种人将无法立足于社会。

我们不愿被别人抛弃,不想被社会淘汰,那么,我们必须约束自己。

方向盘对车轮的限制、约束,是为了不让它走错路,以致跌入深渊;人们对花、草、树、木的约束,是为了塑造它们美的气质,让它们供人观赏。因此,约束是必要的,而且对人对事的成就都具有促进作用。放任自由只会导致泛滥成灾，只有约束才能成就秩序，成就和谐，成就圆满的人生。

精神自由乃真自由

> 无知者是不自由的，因为和他对立的是一个陌生的世界。
>
> ——（德国）黑格尔

庄子告诉我们，一个人要从重重束缚和限制中摆脱出来，达到自由的境界。这自由是怎样的自由，该如何获得自由？徐复观先生认为，庄子告诉我们的自由方式是精神的自由，一个人人身的自由算不上自由，只有精神的自由才是真正的自由。

无论如何，一个人都要有自己的自由精神，否则，就只能拾人牙慧，成为别人的精神附庸，永远活不出真实的自己，又谈何自由？

普鲁斯特是法国著名作家，他所开创的意识流写作方法已成为现代小说的一大奇观。

普鲁斯特是一个家境富裕、体弱多病然而很有才华的年轻人，他酷爱书籍和绘画，经常出入巴黎社交场合。他在一次疗养过程中爱上了一个叫阿尔贝蒂娜的姑娘，初时遭到拒绝，后来姑娘态度有所改变，他更狂热地爱恋着她，想将她迎娶回家。但是那位姑娘却不辞而别，他到处找寻，最后得知她已突然死去。

普鲁斯特在深感绝望之中，决定从事文学创作，写出一生经

历的悲欢苦乐。由于身患疾病，所以他几乎足不出户，一生都幽居在他的病榻之上，连阳光都极少见。但是他凭借着自己的思想在精神领地语言疆土上自由驰骋，在他的病榻上开创了意识流的写作方法。20世纪最伟大的意识流派文学作品《追忆逝水年华》就是这样在病榻上写就的。

普鲁斯特因疾病被困在病榻之上，从来不能自由行走在繁华的世界中，但是普鲁斯特有一颗自由驰骋的心灵，所以他依然能够依靠心灵在世间飞驰。

庄子曾经就精神自由用了一个很动感的词来表达：坐驰。怎样才能坐驰呢？坐在那里，身子不动，心灵在宇宙之间自由飞翔驰骋。一个人的肉体是可以被羁绊的，但是一定不要给你的心灵戴上枷锁。一个人如果能够保持心灵的自由飞翔，那他在人间就获得了真正的自由。

态度决定人生的高度

> 人类的一切事物都是悬吊在一根细丝上，昔日的强盛可以因时运的倒转而毁于一旦。
>
> ——（古罗马）奥维德

一天，有位哲学家带弟子们出行。途中，他问弟子们："有一种东西，跑得比光还快，瞬间能穿越银河系，到达遥远的地方，这是什么？"弟子们争着回答："我知道、我知道，是思想！"

哲学家微笑着点点头:"那么,有另外一种东西,跑得比乌龟慢,当春花怒放时,它还停留在冬天;当头发雪白时,它仍然是个小孩子的模样,那又是什么?"

弟子们不知如何回答。

"还有,不前进也不后退、没出生也不死亡,始终漂浮在一个定点。谁能告诉我,这又是什么?"

弟子们更加茫然,面面相觑。

"答案都是思想!它们是思想的三种表现,换个角度来看,也可比喻成三种人生。"

望着聚精会神的弟子们,哲学家解释说:"第一种是积极奋斗的人生。当一个人不断力争上游,对明天永远充满希望和信心,这种人的心灵不受时空限制,他就好比一只射出的箭矢,总有一

天会超越光速，驾驭在万物之上。

"第二种是懒惰的人生。他永远落在别人的屁股后面，捡拾他人丢弃的东西，这种人注定被遗忘。

"第三种是醉生梦死的人生。当一个人放弃努力、苟且偷安时，他的命运是冰冻的，没有任何机会来敲门，不快乐也无所谓痛苦。这是一个注定悲哀的人，像水母的空壳漂浮于海中，不存在现实世界，也不在梦境里……"

弟子们大悟。播种怎样的人生态度，就将收获怎样的生命高度和深度。

人的一生中，紧要处只有几步，如何使自己的生命更有意义，态度至关重要。正如英国历史学家弗劳德所说："一棵树如果要结出果实，必须先在土壤里扎下根。同样，一个人首先需要学会依靠自己、尊重自己，不接受他人的施舍，不等待命运的馈赠。只有在这样的基础上，才可能有所成就。"

为人所不肯为，成人所不能成

故天降大任于斯人也，必先苦其心志，劳其筋骨，饿其体肤，空乏其身，行拂乱其所为也。

——孟子

的确，一个肯做别人所不愿意去做的事情并且能将该事情做好的人必将有所成就。

佛家注重悟,更看重"行"。行动胜过语言,一万句空话也比不上一个有力的行动。面对天下的难为之事,只有勇于尝试别人所不敢做或不屑于做的事,才能收获别人所无法体会的成就和辉煌,生命也会变得更加圆满。

归省禅师担任住持期间,由于天旱,很少有人能拿出粮食来养活这些僧人,僧人们只能每天喝粥吃野菜,个个面黄肌瘦。

有一日,归省禅师外出化缘,法远就召集大家取出柜里储藏的米做起粥来。粥还没做好,归省禅师就回来了,小师弟们一下就消失得无影无踪。归

省禅师看到法远居然把应急用的米都用了,生气地说:"谁让你这么做的?"

法远毫无惧色地说:"弟子觉得大家面如枯槁,无精打采,于是就把应急用的米拿出来煮了,请师父原谅。"

归省严厉地说:"依清规打三十大板,驱逐出寺!"

法远默默地离开了寺院,但他没有下山,而是在院外的走廊觅了个角落栖息下来。无论刮风下雨,都不曾动摇他向佛的决心。

归省禅师有一次偶然看见他在寺院的角落睡觉,十分吃惊地问道:"你住这里多久了?"

"已半年多了!"

"给房钱了吗?"

"没有。"

"没给房钱你怎么敢住在这里!你要住,就去交钱!"

法远默默托着钵走向市集,开始为人诵经、化缘,赚来的钱全部用来交房钱。

归省禅师笑着对大众宣布:"法远乃肉身佛也!"

后来法远继承了归省禅师的衣钵,将佛学发扬光大。

在人生中,能够去做别人所不愿意做的事情,不仅需要巨大的勇气,更需要我们踏踏实实地去做的一种精神。而且,机遇往往蕴涵在别人不愿意去做的事中,正因为别人不愿意去做,因此机会才会被愿意做的人所把握。

勤勉,使人成为幸运之宠

> 凡流泪撒种的,必欢呼收割。那流着泪出去的,必要欢欢乐乐地带禾捆回来。
>
> ——《圣经》

在犹太人心中,成功的背后定有辛苦,勤勉和成功互为表里。常常有很多人因为勤勉而成功,却很少有因懒惰而成功的人。虽然勤劳并不一定能获得成功,但无论如何,人们都要辛勤工作,因为这是获得成功的最基本条件。远古人取火,要花很长的时间去摩擦木头或石头;要吃果实,就要爬到很高的树上去摘。

范仲淹幼年丧父,家境清寒,但志操高洁,力学不辍。他求学时"昼夜不息,冬月惫甚,以水沃面;食不给,至于糜粥继之,人不能堪,仲淹不苦也"。

1014年,迷信道教的宋真宗率领百官到亳州去朝拜太清宫。浩浩荡荡的车马路过南京(今河南商丘)时,整个城市轰动了,人们都争先恐后地看皇帝,唯有范仲淹闭门不出,仍然埋头读书。

有同学特地跑来叫他:"快去看,这是个千载难逢的机会,

千万不要错过!"但他只随口说了句"将来再见也不晚",便头也不抬地继续读他的书了。果然,第二年他就得中进士,见到了皇帝。

英国哲学家罗素也说,当人可以毫不费力地得到他所希望的东西时,单是生活中努力的缺乏就必然使他失去了获得幸福的一个重要因素。"大人不化,君子务实",只要务实兴利,不务浮言虚名,方能致福于人,有福于己;而治国者只有做到正德、利用、厚生、惟和,才是万民之福。幸福总是与"造福"的艰辛与勤勉相关联的,毕竟天道酬勤。